基于空间面板模型的
新型城镇化经济效应研究

范兆媛 ◎ 著

·北京·

图书在版编目（CIP）数据

基于空间面板模型的新型城镇化经济效应研究 / 范兆媛著. —北京：科学技术文献出版社，2019.7
ISBN 978-7-5189-5664-7

Ⅰ.①基… Ⅱ.①范… Ⅲ.①城市化—研究—中国 Ⅳ.① F299.21

中国版本图书馆 CIP 数据核字（2019）第 122304 号

基于空间面板模型的新型城镇化经济效应研究

| 策划编辑：郝迎聪 | 责任编辑：赵 斌 | 责任校对：文 浩 | 责任出版：张志平 |

出 版 者　科学技术文献出版社
地　　　址　北京市复兴路15号　邮编 100038
编 务 部　（010）58882938，58882087（传真）
发 行 部　（010）58882868，58882870（传真）
邮 购 部　（010）58882873
官方网址　www.stdp.com.cn
发 行 者　科学技术文献出版社发行　全国各地新华书店经销
印 刷 者　北京时尚印佳彩色印刷有限公司
版　　　次　2019年7月第1版　2019年7月第1次印刷
开　　　本　710×1000　1/16
字　　　数　188千
印　　　张　11.5
书　　　号　ISBN 978-7-5189-5664-7
定　　　价　48.00元

版权所有　违法必究

购买本社图书，凡字迹不清、缺页、倒页、脱页者，本社发行部负责调换

前　言

中国正面临经济增速下行压力加大、经济转型问题众多等难题。如何解决这些难题，促进经济健康可持续的发展，关键在于寻求中国经济持续增长的新动力。新型城镇化对于拉动内需、推动产业结构转型升级及改善居民生活水平都有重要的作用，对于解决各种经济问题都有巨大的潜力，是今后长时间内经济可持续发展的引擎。

本书以空间效应的视角，利用空间面板模型的估计方法，从新型城镇化发展的理论、实证与对策等层面研究其产生的经济效应，在空间层面考察新型城镇化发展对破解中国经济发展中存在问题的可行性及有效性，探索新型城镇化对经济可持续发展的内在规律及政策选择。

从当前中国经济发展面临的问题出发，总结国内外对城镇化的相关研究，回顾中国的城镇化发展历程与发展中面临的困难，提出新型城镇化是传统城镇化进行转型的必然选择，基于新型城镇化发展的核心与内涵，从经济基础、人口发展、社会功能和环境质量4个方面构建新型城镇化发展水平的评价指标体系，并在此基础上对城镇化发展所产生的经济效应进行实证分析。

在研究经济效应之前，给出了实证研究所用到的模型。首先，回顾了空间效应的检验方法及随机效应与固定效应的选择；其次，对静态空间面板与动态空间面板模型进行分析，给出了不同空间模型的直接与间接效应；最后，针对动态短面板空间误差模型存在的不足，给出了该模型的三步系统广义矩阵估计方法

(SGMM)，并对 SGMM 与准最大似然估计方法（QMLE）进行蒙特卡洛仿真模拟比较，给出了在一般情形、存在单位根、起始期错误的情形下，模型估计方法的选择，并对实证研究者应用此模型给出了建议。

新型城镇化是保持中国经济持续增长的强大引擎，经济发展的根本动力是内需扩大，内需扩大的最大潜力是城镇化质量的提升，城镇化有助于刺激居民的消费需求，促进产业结构水平的转型升级，有利于打破城乡存在的二元结构，促进政府投资水平提升，对于中国经济社会的发展与增长水平有着双重的经济效应。本书在经济增长效应分析的基础上，研究了新型城镇化对居民消费的增长效应、城乡收入差距效应、产业结构升级效应；由于新型城镇化对经济社会的重要影响，本书进一步研究了金融支持在新型城镇化进程中的作用，得出具有理论与实际价值的基本结论。

第一，新型城镇化与经济增长效应。城镇化是扩大内需的最大潜力和发展动力所在，城镇化建设被提升到稳定经济增长的战略新高度，但过去"摊大饼"、粗放式的城镇化发展模式，对城市环境、居民生活质量等都产生了负面的影响，因此，研究新型城镇化与经济增长的关系具有重要意义。在增长模型的基础上引入新型城镇化指标，利用动态短面板空间误差模型研究了新型城镇化对经济增长的影响及区域差异。结果表明：新型城镇化水平的提高对经济增长率的提高有显著的促进作用且存在区域差异，对中西部的影响更大。

第二，新型城镇化与居民消费。基于含有固定效应的空间杜宾模型，分析了城镇化与人口年龄结构对居民消费的影响。结果显示：城镇化水平对消费率有不显著的正的直接效应，但有显著的负的间接效应，因此，城镇化水平的提高会降低居民在相邻区域的消费，若只考虑直接效应而不考虑空间间接效应，将低估城镇化及人口年龄结构变化对居民消费的影响。当选取新型城镇化变化进行研究时，结果显示：新型城镇化质量对消费率存在显著的正影响且存在区域差异。

第三，新型城镇化与产业结构升级。随着城镇化水平的提高，传统的城镇化已经无法承载新时期城镇化的发展。因此，新型城镇化更符合时代的需求。但是，随着城镇化质量及产业结构水平的不断升级，新型城镇化是否促进了产业结构水平的提升呢？选取空间杜宾模型及两区制空间杜宾模型分析了新型城镇化水平对产业结构升级的影响。结果得到：新型城镇化对产业结构升级有正的直接效应、间接效应与总效应，并且间接效应的作用更大；通过两区制空间杜宾模型得到，中西部新型城镇化对产业结构升级的影响更大。

第四，新型城镇化与城乡收入差距。新型城镇化的核心是坚持以人为本，更加注重其发展质量，通过体制机制的不断创新，有助于打破阻碍城乡一体化发展所存在的"瓶颈"因素，破解缩减城乡收入差距的难题。利用空间杜宾面板模型，研究了新型城镇化、产业结构对城乡居民收入差距的影响及区域差异。结果显示：新型城镇化与人口城镇化都对城乡收入差距有负的直接效应、间接效应与总效应，但新型城镇化的影响更大；新型城镇化及交互效应有助于缩小区域城乡收入差距，并且对中西部地区的影响更显著。

第五，新型城镇化与金融支持。在经济活动中，金融处于核心地位，教育、就业、养老、医疗卫生、住房、基础设施建设等都需要大量的资金支持，金融支持必然会对新型城镇化产生影响。从规模、效率及结构3个维度来衡量金融支持水平，采用空间动态杜宾模型，研究了金融支持对新型城镇化的影响。结果显示：金融支持规模显著提高了新型城镇化水平，对中西部影响更大，但是，间接效应不显著；金融支持效率对西部新型城镇化有显著的促进作用；金融支持结构对西部新型城镇化有显著的正的直接效应与间接效应；新型城镇化的滞后一期对当期存在显著的正的影响，并且存在显著的间接效应。

基于以上研究，对中国新型城镇化所带来的经济效应进行了总结与展望。在空间效应的视角下，关于科学推进新型城镇化战略、促进经济可持续发展提出相应的政策建议，让新型城镇化的经济效应能够更好地惠及民生，让全民都能够享受到新型城镇化的发展所带来的成果，全面提升居民的生活质量，促进人的全面发展和社会的和谐进步。

目 录

第一章 绪 论 ··· 1
  1.1 研究背景与意义 ··· 1
    1.1.1 研究背景 ·· 1
    1.1.2 研究意义 ·· 6
  1.2 文献综述 ··· 9
    1.2.1 城镇化的概念与内涵 ·· 9
    1.2.2 新型城镇化的内涵与衡量标准 ··························· 11
    1.2.3 新型城镇化的相关实证研究 ······························ 14
  1.3 研究内容与创新点 ·· 22
    1.3.1 研究内容 ··· 22
    1.3.2 创新点 ·· 25
  1.4 本章小结 ··· 27

第二章 城镇化的发展与新型城镇化的衡量 ···················· 28
  2.1 城镇化发展历程与发展困境 ····································· 28
    2.1.1 城镇化发展历程 ··· 28
    2.1.2 城镇化发展困境 ··· 36
  2.2 城镇化的转换：新型城镇化 ····································· 43
    2.2.1 城镇化发展的战略选择：新型城镇化 ··················· 43

2.2.2　新型城镇化的内涵 …………………………………… 44
　2.3　新型城镇化指标变量的选取与衡量 ……………………………… 46
　　　2.3.1　评价指标的构建原则 ………………………………… 46
　　　2.3.2　评价指标的建立与衡量 ……………………………… 48
　2.4　本章小结 …………………………………………………………… 51

第三章　空间计量模型 ……………………………………………………… 52

　3.1　空间效应 …………………………………………………………… 53
　　　3.1.1　空间数据 ……………………………………………… 53
　　　3.1.2　空间权重矩阵 ………………………………………… 53
　　　3.1.3　空间相关性检验 ……………………………………… 57
　3.2　空间面板模型 ……………………………………………………… 60
　　　3.2.1　静态空间面板模型 …………………………………… 60
　　　3.2.2　动态空间面板模型与估计方法 ……………………… 71
　　　3.2.3　随机效应与固定效应及模型的选择 ………………… 75
　3.3　空间动态误差模型 ………………………………………………… 78
　　　3.3.1　模型说明与 QMLE 估计方法 ………………………… 79
　　　3.3.2　估计方法 ……………………………………………… 81
　　　3.3.3　QMLE 与 SGMM 估计方法的比较
　　　　　　——基于蒙特卡洛实验 ………………………………… 83
　3.4　本章小结 …………………………………………………………… 87

第四章　新型城镇化与经济增长效应 ……………………………………… 89

　4.1　引　言 ……………………………………………………………… 89
　4.2　理论基础与变量选择 ……………………………………………… 90
　　　4.2.1　理论模型与实证模型 ………………………………… 90
　　　4.2.2　数据来源 ……………………………………………… 93
　4.3　新型城镇化对经济增长的影响——基于空间动态误差
　　　　模型的研究 …………………………………………………………… 94
　　　4.3.1　探索性空间分析与实证研究 ………………………… 94

4.3.2　稳健性检验 ··· 96
　4.4　本章小结 ·· 96

第五章　新型城镇化与居民消费 ··· 98
　5.1　引　言 ·· 98
　5.2　城镇化与人口年龄结构对居民消费的影响——基于空间
　　　杜宾模型的实证分析 ·· 99
　　　5.2.1　理论模型与空间计量模型 ······································ 100
　　　5.2.2　实证分析 ··· 102
　　　5.2.3　结果分析 ··· 108
　5.3　新型城镇化、城乡收入差距对居民消费的影响
　　　及区域差异 ··· 108
　　　5.3.1　数据选取与来源 ··· 109
　　　5.3.2　计量模型的选取 ··· 109
　　　5.3.3　回归结果分析 ·· 110
　5.4　本章小结 ·· 112

第六章　新型城镇化与产业结构升级 ··· 115
　6.1　引　言 ·· 115
　6.2　变量选取与模型选择 ··· 116
　　　6.2.1　变量选取 ··· 116
　　　6.2.2　空间面板模型分析 ··· 117
　6.3　新型城镇化与产业结构升级的空间效应研究 ··················· 119
　　　6.3.1　非空间交互效应回归结果及分析 ··························· 119
　　　6.3.2　空间杜宾模型的选择与分析 ································· 120
　　　6.3.3　两区制空间杜宾模型回归结果 ······························ 122
　6.4　本章小结 ·· 123

第七章　新型城镇化与城乡收入差距 ··· 125
　7.1　引　言 ·· 125

7.2　变量选取与模型选择 ································· 126
　　　　7.2.1　变量选取 ····································· 126
　　　　7.2.2　空间面板模型分析 ····························· 128
　　7.3　新型城镇化、产业结构与城乡收入差距的空间效应研究 ····· 129
　　　　7.3.1　城乡收入差距的探索性空间分析 ················· 129
　　　　7.3.2　实证分析 ····································· 130
　　7.4　本章小结 ··· 136

第八章　新型城镇化与金融支持 ····························· 139
　　8.1　引　言 ··· 139
　　8.2　变量选取与模型选择 ································· 140
　　　　8.2.1　变量选取 ····································· 140
　　　　8.2.2　空间面板模型 ································· 141
　　8.3　金融支持对新型城镇化促进的空间效应研究 ············· 142
　　　　8.3.1　新型城镇化的探索性空间分析 ··················· 142
　　　　8.3.2　回归结果及分析 ······························· 142
　　8.4　本章小结 ··· 145

第九章　结论与政策意见 ··································· 147
　　9.1　主要结论 ··· 147
　　9.2　政策意见 ··· 150
　　　　9.2.1　坚持以人为本，走新型城镇化道路 ··············· 150
　　　　9.2.2　因地制宜推进城镇化 ··························· 151
　　　　9.2.3　通过提升新型城镇化水平，释放消费需求 ········· 152
　　　　9.2.4　增强创新能力，优化城市产业支撑 ··············· 153
　　　　9.2.5　提升新型城镇化水平，完善城乡一体发展体制机制 ·· 153
　　　　9.2.6　创新城镇化资金保障机制 ······················· 155
　　9.3　展　望 ··· 156

参考文献 ··· 157

第一章 绪 论

1.1 研究背景与意义

1.1.1 研究背景

自改革开放以来,随着中国工业化进程的不断加速,中国城镇化的发展是一个起点相对较低、发展速度较快的过程。1978—2015 年,中国的城镇常住人口数量从 1.7 亿人增加到 7.7 亿人,城镇化率也从 17.9% 增加到 56.1%,年均增加 1.03 个百分点;建制镇的数量从 2173 个增加到 20 515 个,城市的数量从 1978 年的 193 个增加到 2010 年的 658 个。京津冀、长江三角洲、珠江三角洲这三大城市群,占据 2.8% 的国土面积却集聚了中国 18% 的人口数量,并且国内生产总值占比也高达 36%。这三大城市群是推动中国经济高速增长及国际经济发展的主要平台。这一时期,中国城市的水、电、气、路、信息网络等一些基础设施都明显得到改善,公共服务水平如教育、医疗、社会保障、文化等发生了显著的提高,人均住宅面积、公园绿地面积也大幅增加。随着城镇化水平的快速发展,经济、就业、资源利用等取得了很大成就,大量的农村劳动力发生转移,进入城镇就业,提升了城乡间生产要素配置的效率,推动着国民经济的快速发展,提升了城乡居民生活水平。通过统计局数据图 1.1 给出了 1978—2014 年中国城镇人口(亿人)与城镇化率的变化情况。

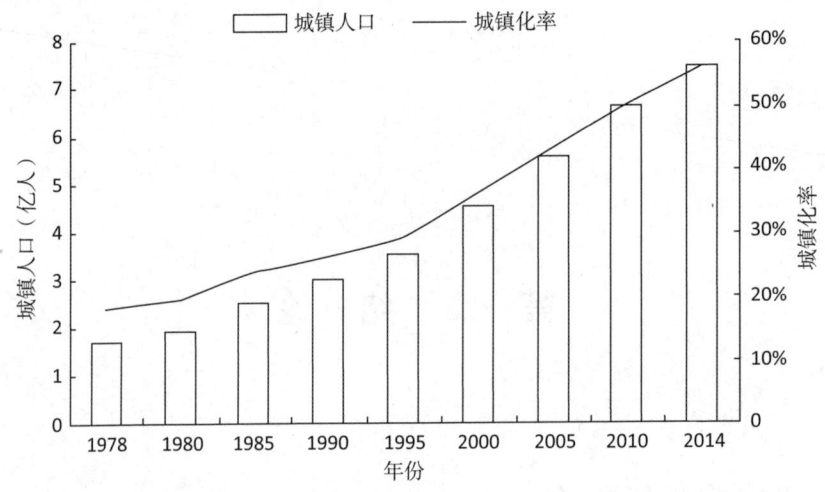

图 1.1 1978—2014 年中国城镇人口与城镇化率

通过整理中国第 6 次人口普查数据《国家新型城镇化规划（2014—2020 年）》，表 1.1 列出了中国城市数量及人口数量的变化情况。城市数量从 1978 年的 193 个增加到 2010 年的 658 个，增加了 3 倍多；人口数量在 1000 万人以上的城市数量已经从 1978 年的 0 个增加到 2010 年的 6 个，100 万人以上的城市从 29 个增加到 140 个；建制镇数量由 1978 年的 2173 个增加到 2010 年的 19 410 个。改革开放至今，中国的城镇人口数量及规模都发生了巨大的变化。

表 1.1 1978 年和 2010 年中国城市人口数量与规模的变化

单位：个

年份	1978	2010
城市数量	193	658
1000 万人以上	0	6
500 万~1000 万人	2	10
300 万~500 万人	2	21
100 万~300 万人	25	103
50 万~100 万人	35	138

续表

年份	1978	2010
不足 50 万人	129	380
建制镇数量	2173	19410

中国的城镇化在快速发展中,但是,在发展的同时也存在一些需要引起高度重视且需要着力解决的矛盾和问题。

(1) 市民化进程滞后,土地城镇化快于人口城镇化

虽然大量的农民工进入城镇,但是从农村转移到城市的人口很难融入城市中去,市民化进程相对滞后。农民工逐步成为中国产业工人的主体人员,虽然有 2.34 亿农民工在统计上被看作城镇人口,然而受中国城乡分割户籍制度的影响,随着农民工迁移的家属却在教育、医疗、就业、保障性住房、养老等方面无法享受与城镇居民同等的基本公共服务;产城融合不紧密,产业集聚与人口集聚没有同步发展,城镇化发展滞后于工业化发展;留守儿童、老人及妇女的问题日益凸显,新的二元矛盾在城镇内部出现。这些都给经济社会的发展带来诸多风险和隐患。

土地城镇化速度比人口城镇化要快,用地建设相对粗放与低效。一些城市实行"摊大饼"式扩张,对更宽的马路、更大的广场、新城及新区等过分追求,开发区及工业园区占地面积过大,建成区的人口相对比较稀疏。2000—2015 年,城镇建设用地增长了 133.3%,远高于城镇人口 56.1% 的增长速度。一些地方过度依赖土地,通过出让土地收入和土地抵押融资推进城镇建设,加剧了土地粗放型利用,浪费了大量的耕地资源,威胁到国家粮食安全和生态安全,也加大了地方政府性债务等财政金融风险。

(2) 城镇化建设中,经济增长面临下降趋势

自改革开放以来,中国的经济实力及国际地位都得到了大大的提升。中国经济快速发展,年均经济增长率近 10%(《中国统计年鉴》),GDP 一路升高,目前已经成为仅次于美国的全球第二大经济体。但中国经济的增长是以高投入、高污染、高消耗及低效益为前提的,这种粗放型的增长方式让中国付出了资源浪费及环境破坏等巨大的代价。长期而言,这种高成本投资、低效率产出所导致的经济增长是不可持续的,因此需要转变经济的发展方式。当前,世界经济都在进行

调整，国际经济环境更加复杂多变，中国则出现"未富先老"的现象，人口红利快速减少。像印度、孟加拉国、印度尼西亚及越南等中国周边国家劳动力更加廉价，中国劳动密集型产品的出口在减少，相对周边国家，中国在劳动力方面的优势已经减弱。

中国2015年的居民消费率为38.4%，2004—2014年居民的平均消费水平为35.1%，远低于国际70%的平均消费水平。相比之下，政府的消费率在这些年则没有什么变化，最终消费率水平较低的主要原因是居民消费率不高。这表明，中国经济增长并没有给居民带来很大的优惠，这样的增长是缺少民生的，无法促进中国居民消费水平的提升。随着中国资源环境约束得更加严格，有的行业出现了产能严重过剩的现象，出口减少，人口红利逐渐消失。同时，由于内需不足且受到各种因素影响，中国经济面临的增长速度下降压力不断增强，经济发展将会面临更大的挑战。在中国城镇建设过程中如何解决这些问题，成为政府与学者关注的焦点。

（3）城镇化增进过程中，"半城镇化"问题凸显

城镇化是中国工业化发展到一定程度的必然结果，它不仅是一种经济现象，而且是一种社会现象，也是社会经济发展的过程。西方发达国家完成城镇化进程大概需要200年的时间，目前，中国大概经过了60多年的城镇化进程，特别是改革开放以来，中国的城镇化水平快速提升。2011年中国城镇化率突破了50%，达到了51.27%，2015年中国城镇化率高达56.10%，这都标志着中国由农村型向城市型的重大转变，对中国城镇化的发展具有巨大意义，也表示中国城镇化已经进入新一轮的高速发展阶段。与世界平均水平相比，中国的城镇化水平已经达到了世界平均水平，但是，中国的城镇化率是通过城镇常住人口进行统计的，这其中包括被计算在城镇化率内却并未与城市居民享受同样待遇的2.34亿农民工及其家属。因此，若城镇化率按照城镇户籍人口的口径进行计算，也就是对那些可以享受到城市公共服务（如教育、医疗、卫生、保障性住房、社会保障、就业等）的这部分群体进行计算，中国的城镇化率只有36%左右，远低于世界发达国家80%的城镇化率平均水平，即使与中国收入相似的国家，其城镇化率平均水平有60%左右。因此，中国这样的城镇化只是一种"半城镇化"。农民工是中国工业化发展与经济发展的主力军，为中国经济社会发展做出了重大的贡献，但却没有得到与城市居民同等的待遇。这也表明中国并没有真正实现市民化，旧的

城乡二元结构仍然存在，城镇内部不断形成新的二元结构，存在着新旧二元结构并存的局面。中国的城乡还存在分割的户籍制度、社会保障制度、土地制度等，这些都造成了长期存在的城乡利益失衡的局面，也造成了城乡居民收益、福利等的差距。特别是2.34亿农民工，他们的工作在城市，但是他们没有得到城市的保障，保障还在农村；他们的收入在城镇获取，但消费却是在农村。这样的生产、生活及消费的方式，会导致产城融合的不协调与不紧密，导致产业与人口集聚的不同步，造成农村中存在着大量的老人、留守妇女及儿童等，这样的社会问题会越来越突出，进而影响到社会的稳定与农民工的正常发展。目前，中国土地的城镇化速度要快于人口的城镇化速度，城镇建成区面积增长速度快于城镇人口的增长速度，建成区的人口比较稀疏，人口流量较少，土地资源处于一种粗放型的增长模式，造成大量的土地资源浪费，城镇化如同"摊大饼"式地扩张，造成了土地资源利用效率的低下。中国东部一些城镇相对密集的地区，其资源环境约束比较紧张，而中西部资源环境承载能力比较强区域的城镇化水平较低，还有待提高；城市群布局不合理，城市群内部分工协作不够、集群效率不高；随着城镇化的快速发展，部分特大城市的主城区人口激增、压力较大，与该城市所承载的综合能力之间的矛盾加剧，人口剧增、雾霾严重、交通堵塞、居民住房紧张等一系列问题在一些大城市或特大城市不断发生；中小城市产业集聚及人口、资源等明显不足，城市潜力无法得到最大的发挥；城镇空间分布及城镇规模结构不合理，与资源环境所能够承载的能力无法匹配，小城镇数量多、规模小、服务功能弱，这都增加了经济社会与生态环境成本。

（4）新型城镇化已经成为拉动内需、推动中国产业转型升级的必然选择

中国的城镇化在很长的一段时间内都处在30%～70%的区间内快速发展，但是，一些城市空间无序开发，人口过度集聚，重经济发展、轻环境保护，重城市建设、轻管理服务，交通拥堵问题严重，公共安全事件频发，城市污水和垃圾处理能力不足，大气、水、土壤等环境污染加剧，城市管理运行效率不高，公共服务供给能力不足，城中村和城乡接合部等外来人口集聚区人居环境较差，受到中国资源、环境、人口及社会等的约束越来越凸显，传统工业中高投入、高排放的城镇化发展模式将很难继续下去，利用土地资源粗放型增长的模型将无法继续，利用非均等化公共服务的低成本优势也很难继续。若继续采用传统的城镇化发展模式，将会进一步加重中国环境恶化、消费需求疲软、投资类型粗放且低

效、二元结构矛盾更突出、公共服务供给跟不上需求、社会矛盾越来越多等隐患。因此，中国的传统城镇化需要不断进行优化，走一条以人为本的新型城镇化道路，不断推进中国城镇化又好又快、可持续地发展。

新型城镇化与传统城镇化是不一样的，新型城镇化强调以人为本、可持续发展、质量水平的提升，是适合中国发展的现代化道路，是对传统城镇化的全面优化与提升，是中国城镇化从量变到质变的过程。从经济发展的角度来看，新型城镇化对于拉动消费、产业结构升级、民生水平提升都有促进作用。具体来讲，随着以人为核心的城镇化水平的提升，大量的农村居民转移到城镇，新增城镇人口的收入提升，城镇的消费群体得到了扩大，居民的消费结构不断优化，居民的消费潜力得到更多的释放。同时，城镇人口数量的增多，对城镇的基础设施、公共服务及住房需求也必定会增加，这也就增加了投资，进而拉动了内需。随着新型城镇化水平的提升，人口会在城镇集聚，生活及生产方式等方面会发生转变，导致生产性需求的扩张，引起生活需求的扩张与服务业的快速发展，进而提升产业结构优化水平的升级；新型城镇化更着重于体制机制的创新，不断破解旧的城乡二元结构，化解新的二元结构，产业结构与人口布局更加合理，消除社会风险隐患，最终改善民生状况。

世界经济正面临着经济发展的又一次平衡与产业格局调整变化中，当前中国同样也面临着经济结构转型等种种困难，必须正确合理解决这些问题，否则，中国经济将无法更好地发展，甚至会处于中等收入陷阱的困惑之中。因此，需要寻找可以促进中国经济持续更好发展的动力，探索适合中国经济发展的新途径，改善民生，促进经济又好又快地发展。新型城镇化的发展具有促进居民消费需求、拉动内需、推进产业转型升级及改善民生的重要作用，是中国经济发展的新动力。

1.1.2 研究意义

当前中国的发展处于全面建成小康社会最重要的阶段，处在经济结构转型升级、社会主义现代化建设的重要时期，同时也处在深入发展城镇化建设的关键时期。因此，必须深刻认识中国的城镇化水平对经济社会发展的重要意义，牢牢把握住城镇化发展建设所蕴含的巨大机遇，准确判断与寻求城镇化建设与发展的新趋势与新特点，妥善应对城镇化发展过程中所面临的风险与挑战。

第一章 绪 论

城镇化是伴随工业化发展、非农产业在城镇集聚、农村人口向城镇集中的自然历史过程，是人类社会发展的客观趋势，是国家现代化的重要标志。按照建设中国特色社会主义五位一体总体布局，顺应发展规律，因势利导，趋利避害，积极稳妥、扎实有序推进城镇化，对全面建成小康社会、加快社会主义现代化建设进程、实现中华民族伟大复兴的中国梦，具有重大现实意义和深远历史意义。

城镇化是现代化的必由之路。工业革命以来的经济社会发展史表明，一国要实现现代化，在工业化发展的同时，必须注重城镇化发展。当今中国，城镇化与工业化、信息化和农业现代化同步发展，是现代化建设的核心内容，彼此相辅相成。工业化处于主导地位，是发展的动力；农业现代化是重要基础，是发展的根基；信息化具有后发优势，为发展注入新的活力；城镇化是载体和平台，承载工业化和信息化发展空间，带动农业现代化加快发展。

城镇化是保持经济持续健康发展的强大引擎，扩大内需是中国经济发展的根本动力，扩大内需的最大潜力在于城镇化。目前，中国常住人口城镇化率为53.7%，户籍人口城镇化率只有36%左右，不仅远低于发达国家80%的平均水平，也低于人均收入与我国相近的发展中国家60%的平均水平，还有较大的发展空间。城镇化水平持续提高，会使更多农民通过转移就业提高收入，通过转为市民享受更好的公共服务，从而使城镇消费群体不断扩大、消费结构不断升级、消费潜力不断释放，也会带来城市基础设施、公共服务设施和住宅建设等巨大投资需求，这将为经济发展提供持续的动力。

城镇化是加快产业结构转型升级的重要抓手。产业结构转型升级是转变经济发展方式的战略任务，加快发展服务业是产业结构转型升级的主攻方向。目前，中国服务业增加值占国内生产总值比例仅为46.1%，与发达国家74%的平均水平相距甚远，与中等收入国家53%的平均水平也有较大差距。城镇化与服务业发展密切相关，服务业是就业的最大容纳器。城镇化过程中的人口集聚、生活方式的变革、生活水平的提高，都会扩大生活性服务需求；生产要素的优化配置、三次产业的联动、社会分工的细化，也会扩大生产性服务需求。城镇化带来的创新要素集聚和知识传播扩散，有利于增强创新活力，驱动传统产业升级和新兴产业发展。

城镇化是解决农业农村农民问题的重要途径。中国农村人口过多、农业水土资源紧缺，在城乡二元体制下，土地规模经营难以推行，传统生产方式难以改变,这是"三农"问题的根源。中国人均耕地面积约 0.1 公顷,农户户均土地经营规模约 0.6 公顷,远远达不到农业规模化经营的门槛。城镇化总体上有利于集约、节约利用土地,为发展现代农业腾出宝贵空间。随着农村人口逐步向城镇转移,农民人均资源占有量相应增加,可以促进农业生产规模化和机械化,提高农业现代化水平和农民生活水平。城镇经济实力提升,会进一步增强以工促农、以城带乡能力,加快农村经济社会发展。

城镇化是推动区域协调发展的有力支撑。改革开放以来,中国东部沿海地区率先开放发展,形成了京津冀、长江三角洲、珠江三角洲等一批城市群,有力推动了东部地区快速发展,成为国民经济重要的增长极。但与此同时,中西部地区发展相对滞后,一个重要的原因就是城镇化发展很不平衡,中西部城市发展明显不足。目前,东部地区常住人口城镇化率达到 62.2%,而中部、西部地区分别只有 48.5%、44.8%。随着西部大开发和中部崛起战略的深入推进,东部沿海地区产业转移加快,在中西部资源环境承载能力较强的地区,加快城镇化进程,培育新的增长极,有利于促进经济增长和市场空间由东向西、由南向北梯次拓展,推动人口经济布局更加合理、区域发展更加协调。

城镇化是促进社会全面进步的必然要求。城镇化作为人类文明进步的产物,既能提高生产效率,又能富裕农民、造福人民,全面提升生活质量。随着城镇经济的繁荣发展,城镇功能的完善,公共服务水平和生态环境质量的提升,人们的物质生活会更加殷实充裕,精神生活更加丰富多彩;随着城乡二元体制逐步破除,城市内部二元结构矛盾逐步化解,全体人民将共享现代文明成果。这既有利于维护社会公平正义、消除社会风险隐患,又有利于促进人的全面发展和社会和谐进步。

城市是全球、国家和地区高质量资源的集聚点、经济增长的极化点和经济发展的龙头。21 世纪全球的发展将主要依赖于城市的蓬勃发展,国家的核心竞争力也主要表现为城市的竞争力,城市化成为推动经济发展的重要源泉,广大居民也将从城市发展中获得更多发展机会和享受更高的福利价值。中国城镇化率超越 50%,意味着集聚在城镇的人口超过了散居在农村的人口,但也应清醒地认识到,在城镇化率快速上升的同时,城镇化质量并没有实现同步提升,城镇化进程中依然存在着诸多发展不和谐,应及时采取有效的城镇化发展途径,选择适宜的城镇化发展模式,解决经济发展中各种潜在的风险和"瓶颈"问题。

1.2 文献综述

城镇化是中国走向现代化的必经之路,是推动中国逐渐走向繁荣富裕与文明昌盛的主要标志,城市发展的成功与否跟整个国家经济发展的成功与否有着密切的关联,城镇化发展也一直都是学术界与政府等相关部门高度关注的问题。从工业革命至今的经济社会发展来看,国家想要现代化的成果,必须在发展工业的同时,注重城镇化的发展。目前,就中国而言,城镇化的发展与工业化、信息化和农业现代化要同步发展,它们彼此相辅相成。城镇化发展其历史源远流长,但是真正意义上的城镇化始于18世纪中叶的工业革命。从这一时间段开始,随着中国工业化水平的快速发展,引起了越来越多学者的兴趣。最早期的亚当·斯密首先开始城镇化的论述(米尔斯,2003),但是,那时最具代表性的新古典经济学家马歇尔对城镇化的论述却很少,到了第二次世界大战后,关于城镇化的研究越来越多。中国是世界上最早出现城镇化的国家,但中国的城镇化水平发展却非常缓慢。在中华人民共和国成立前,关于城镇化的研究在人口学与地理学中只有少量的涉及,直到改革开放后,中国的城镇化发展才开始步入正轨。城镇化虽然在中国出现最早,但是中国对城镇化的研究却比较晚。在吴友仁于1980年发表《关于我国社会主义城市化问题》一文之后,城镇化才开始逐渐被城市地理学与城市规划界纳入其研究领域。2009年,《关于中国社会主义城市化问题》一文被发表之后,才引起广大研究者对中国城镇化研究的重视。随着近年来中国城镇化水平的加快,城镇化及相关问题逐渐成为经济学界、人口学界、社会学界等多个学科界共同关注的问题。此后,学者们对城镇化及相关问题进行了大量的研究。城镇是中国区域重要的组成部分,城镇化的发展进步驱动着中国经济的发展。联合国环境规划署也曾经提到:"城市的成功就是国家的成功。"这也表明了城镇化的发展对于经济社会发展的重要作用。下面将从几个不同的方面对城镇化与经济发展的相关研究成果进行梳理。

1.2.1 城镇化的概念与内涵

城镇化是人类文明发展的一个重要标志,是一个全面又复杂的变迁过程,该过程包含了经济、社会、文化及政治等,因此,城镇化的研究也受到了经济、人口、社会、地理等多个学科的关注,不同的学科对城镇化的概念理解不同。

在经济学科中，城镇化被认为是非农产业不断向城镇集聚的过程，其农业生产占比不断减少，是从以农村经济为主不断向以城镇经济为主进行转换的过程，其中，城镇化的研究是以经济城镇化为侧重点。

在人口学科中，城镇化的实质是人口城镇化，是随着农村人口不断向城镇迁移，城镇人口所占比例不断增加的过程。

在社会学科中，城镇化被解释为城镇居民的社会生活及行为方式不断向乡村进行发展与扩散的一个过程，这里侧重生活方式的变迁。

在地理学科中，城镇化被认为是人口与产业等从乡村向城镇地域不断地转化与集中，其中侧重的是地域的城镇化。

随着城镇化研究的越来越多，目前研究者倾向于通过更加全面、更加科学、更加合理的方式对城镇化进行合理的阐释。刘传江等人指出，城镇化是指农业人口向非农业人口进行转换，从农村区域向城镇进行转换，由农业活动向非农业活动进行转换的过程，由农村的价值观向城市的价值观转换，生活方式也由农村向城市进行转换，因此，城镇化是综合转换的过程。姜爱林认为，从科学发展观的角度来看，城镇化是质和量相统一的过程，是农村居民人口向城镇进行不断转移的过程，是第二与第三产业不断向城镇进行聚集的过程，是随着城镇数量不断增加，人口及地域规模不断扩大的一个过程。城镇化的本质特征在三方面得到了体现：第一个方面是农村人口向城镇的转变；第二个方面是非农产业（第二和第三产业）向城镇聚集的过程；第三个方面是劳动力由农业向非农业的转变过程。高珮义则认为，城镇化应该是中国发展相对较慢的农村社会向先进的城镇社会进行转换的过程，该转变过程具体又可以通过五个层次得到体现：第一个层次是乡村向城市转化的过程；第二个层次则是乡村内部进行城镇化的过程；第三个层次是城市的城镇化；第四个层次是人口、景观及地域的城镇化；第五个层次是整体运动过程的城镇化。这五个层次作为一个完整的、紧密不可分的整体构成城镇化。叶裕民则认为，城镇化是发展中国家必须经历的一个经济与社会结构都发生彻底变革的过程。城镇化健康全面地发展在以下六个方面都有体现：第一，城市人口占比提升；第二，产业结构发生转变；第三，居民消费水平不断提高；第四，农村与城市的人口城镇化相统一；第五，城市文明发展且农村也受其影响文明发展；第六，居民的素质提高。史育龙指出，在生产力水平提升与推动下，通过工业化为基础进行生产的城市社会逐渐取代了乡村以传统自然经济为主的生产与生活方式，这样的生产与生活方式在社会生活中逐渐普遍，这也就是城镇化的实质。在进行转变的过程中，人口由乡村向城镇地域集聚，产业由第一产业为主向第二和第三产业为主进行转变，这种生活与生产方式的转变成为城镇化的基本特征。李从军指出，城镇化指的是随着工业化不断发展，非农产业逐步向城镇集聚，农村人口向城镇进行集聚，农村地域向城镇转化，这对城镇也有更大的需求，城镇数量与规模的扩大、城镇生产及生活方式也对农村有着影响。

关于城镇化的研究，不仅限于人口城镇化，陈凤桂等从人口城镇化与土地城镇化两个不同角度衡量城镇化水平，并研究二者的协调发展状态。范进等建立了协调性指数测定模型，研究土地与人口城镇化的关系，研究表明，土地城镇化速度更快。李子联指出，与土地城镇化相比，人口城镇化速度更慢。曹文莉等认为，不能从一个方面去衡量城镇化，城镇化是包含人口、经济与土地多维指标的系统。他们从人口、经济和土地3个方面衡量了江苏的城镇化水平，通过不同时空上的比较，研究了城市在这3个不同方面的发展情况。

1.2.2 新型城镇化的内涵与衡量标准

（1）新型城镇化的内涵

随着城镇化进程中矛盾及问题逐渐凸显，传统城镇化逐步向新型城镇化进行转型的机制已经形成。新型城镇化的发展对扩大中国内需具有强大的引擎作用，快速推进了中国大城市及中等城市的转变方式，形成了科学的城镇发展体系，推动中国经济的不断转型与升级，同时也推进了中国的现代化进程。牛文元指出，新型城镇化推动着中国经济的区域增长，并且新型城镇化的发展将会是刺激新一轮财富不断涌流的强大载体。李克强总理2012年也指出，新型城镇化的发展是中国现代化进程中遇到的大的战略与问题，在国际经济格局需要进行深度调整及新常态阶段中国面临经济下行压力的新形势下，中国最大的内需潜力与结构调整将会来自城镇化。张占斌指出，新型城镇化是长期推动中国扩大内需的动力，也是推动经济健康持续发展的新引擎，因此，新型城镇化所产生的经济效应能否得到有效释放，中国的城镇化发展质量水平是否能够提高，其关键是能否突破改革的难题与一系列公共政策的集合。石忆邵指出，新型城镇化是一种以人为本的城镇化，是依靠社会性投资为主进行投资的城镇化，是一种以改善民生为目的的城镇化，是为了提升生态质量水平的城镇化。辜胜阻认为，新型城镇化是中国经济不断发展的重要引擎，其中包括了"人、业、钱、地、房"等。其中，"人"是城镇化发展的核心与主体；"业"指的是就业，城镇化进程中需要产业进行支撑或居民有稳定的工作；"钱"对城镇化的发展与建设起到了重要的保障作用；"地"指的是推动中国土地进行集约使用及推动着下一轮的土地改革；"房"指的是进入城镇的居民有地方可以居住。只有这5个因素共同发展才能够深化新型城镇化的改革，才可以明确城镇化的正确前进方向。倪鹏飞认为，新型城镇化可以促进城市与乡村基础设施建设的一体化，促进公共服务均等化，随着新型城镇化的建设，农民所具有的知识、素质、收入及相关技能都会不断提升。李爱民指出，随着居民收入、技能、知识等方面的提升，坚持建设生态文明城市的理念，不断优化新型城镇化的发展模式，推进人口与土地城镇化协调共同发展，努力建造宜居的居住环境，促进城镇化发展质量水平的提升。李国平指出，新型城镇化的发展促进了中国所具有的新、旧两种"二元结构"问题的解决，有助于隐形的失业问题的消除，为居民创造更多的就业机会，缩小城乡居民的收入差距。姚士谋等人认为，城镇化的发展关系到中国经济社会的发展，是一个综合性的研究课题，新型城镇化把人作为核心，关注的是市民化与公共服务均等化，这是城镇化健康发展的关键，是事关中国经济社会发展的综合性课题，新型城镇化突出强调以人为本，强调市民化和公共服务均等化，是实现中国城镇化健康稳定发展的关键。周柏春和娄淑华认为，城镇化的发展对于农民有着直接的利益影响，影响着城乡居民的幸福。

（2）新型城镇化的衡量标准

城镇化是相对复杂的一种经济社会现象，因此，准确地对城镇化水平进行衡量并非特别容易的事情。从研究者对这个问题所进行的探讨研究来看，主要是通过单一指标法与复合指标法这两种方法对城镇化的发展质量水平进行衡量。就单一指标法这一方法，吴福象和刘志彪（2008）、张红宇（2011）、吕健（2011）、王向（2013）、席娟等（2013）都利用这一方法选择单一的城镇化率指标对城镇化水平进行衡量。但是，单一指标法有其缺陷，它没有全面反映城镇化的发展内涵，只是反映了城镇化发展水平的一方面，因此，需要利用综合的评价指标多方面地对城镇化发展水平进行衡量，全面了解城市经济社会的发展水平。国外具有代表性的，如联合国社会事务部统计处选用了人均收入、非农产值比例等在内的19个社会与经济指标共同衡量城镇化的指标体系；因克尔斯通过人均GDP、农业增加值与 GDP 的比值、第三产业占比等指标构建了衡量城镇化的指标体系。在国内的研究中，清华大学构建的中国特色城镇化的总价体系及中国科学院构建的新型城镇化发展体系等都具有代表性。一些学者利用城市的综合评价指标体系进行研究也取得了一定的成果。刘艳军和李诚固对中国 15 个副省级城市选取了城市的综合指标，利用多指标评价的方法进行了评价与排序。宣国富等选取安徽省 17 个地级市城市作为研究对象，构建其指标体系，利用聚类分析的方法将其划为 4 种类型。薛俊菲等通过人口、经济及空间城镇化所形成的综合城镇化，衡量了 2007 年的城镇化水平，得出了中国的城镇化水平表现出从东北向西南逐渐递减趋势的结论。新型城镇化是一个综合的范畴，其中包括了经济、社会、人口、环境等多个维度与方面，因此，新型城镇化的内涵是比较丰富的，目前为止，就新型城镇化水平的衡量还没有形成定论，也没有一个大家都认可的新型城镇化水平的评价体系，如何更加全面又准确地对新型城镇化发展水平进行衡量，是目前需要进行解决的理论与现实问题，就这个问题也有研究者进行了一些尝试研究。单菁菁通过居民生活、居民居住环境、居民就业和收入分配、社会保障、公共服务 5 个方面，构建相应的综合评价指标对城镇化发展质量进行了衡量。牛文元从城乡发展角度着手，通过城乡发展的动为、质量及公平这三大系统构建了中国新型城镇化的指标体系。王凯和陈明通过以下 4 个方面：经济发展水平、区域协调状况、城乡统筹、环境保护，构建了中国的城镇化发展质量的评价指标体系。蓝庆新和陈超凡从城镇化建设、社会投入、经济发展、环境友好水平 4 个维度衡量新型城镇化的综合发展评价指标体系，并利用该指标体系，选取 2002—2011 年 30 个省份的数据（由于数据不全，未包含西藏数据，全书同）测度了中国新型城镇化发展水平。熊湘辉和徐璋勇选取了人口、产业及空间城镇化 3 个方面构建了新型城镇化的发展指标体系，并选取 2004—2013 年的省域数据，选择了 7 个相关的子指标体系，衡量了每个省份的新型城镇化水平。这些研究者从不同角度对新型城镇化的综合评价体系进行了衡量与测度，但是，由于他们所关注点的角度不同，最后构建的指标也存在差异，因此，目前新型城镇化发展指标体系的构建还处于探索与研究中。

1.2.3 新型城镇化的相关实证研究

(1) 城镇化与经济增长

李克强总理指出:"城镇化是我国最大的内需潜力和发展动能所在。"城镇化建设已经被提升到稳定经济增长的战略新高度,经济增长也是一个永久不衰的话题。关于城镇化与经济增长的关系,国内外学者都进行了大量的研究。起初,学者们(如 Davisand 和 Golden、Sovani、McCoskey 和 Kao 等)首次对城镇化与经济增长进行了探讨,当时主要关于在经济增长过程中是否存在过度城镇化进行了探讨,随后,学者们对城镇化是否推动了经济增长进行了讨论,主要有两种争论的观点。

第一种观点认为,城镇化与经济增长存在着正相关的关系,城镇化促进了经济增长水平的提升。Lampard 指出,美国多年来的经济增长跟城市间的发展存在正相关关系;Henderson 及 Bertinelli 也都认为,城镇化与经济增长是正相关关系,城镇化发展对经济水平不断增长起到了促进作用。钱纳里和赛尔昆通过选用 1950—1970 年 101 个国家的数据,研究了国家的城镇化水平跟国家经济发展之间的关系,认为在人均 GDP 水平是一定的前提下,生产结构与城镇化水平也是给定的。Lucas 在内生增长模型的理论基础上,对城镇化与经济增长之间的关系进行了研究,认为城镇化在城镇的经济增长中起着重要的作用。Henderson 通过选用横截面数据,对不同的国家进行分析,认为城镇化与人均 GDP 之间存在正相关,相关系数为 0.85。Krey 等及 Bruckner 都认为城镇化进程对于经济水平发展有着重要的作用,这种影响作用在发展中国家相对更加的明显。O'Neill 等通过将印度和中国作为例子进行了实证研究,也认为城镇化对于经济发展的重要影响作用。Tripathi 与 Sahyasachi 的研究认为,在城镇化水平提升的过程中必须要不断减少城市中的贫困问题及不平等问题,才能最根本地提升居民的 GDP。Luisito 和 Zou 认为,当城镇化达到一定水平后,城镇化水平的提高就会引起人力资源水平的高度集中,促进经济发展。在中国背景下,国内学者也利用相关的经验数据对城镇化跟经济增长之间存在的关系进行了相关的实证研究,大多数学者得出了两者之间存在显著的正相关关系的结论。程开明和李金昌(2006)、程开明(2007)、周小刚和陈东有(2008)、贾云赟(2012)等都认为城镇化与经济增长之间的正相关关系。郑鑫指出,城镇经济已经慢慢地变为经济增长的主体,城镇化对经济增长做出了重要贡献。朱孔来等认为，中国的城镇化率提高1%，将产生7.1%的经济增长。喻开志等得出城镇化水平越高经济增长也越快的结论。齐红倩等认为，城镇化的不断发展对经济增长速度和质量有着长期的正向促进效应，但2005年以后其促进效果逐渐弱化，特别在经济新常态时期出现了明显减弱。

第二种观点则认为，城镇化没有促进经济增长或是抑制了经济增长。Bertinelli与Strobl采用面板数据模型研究，并未发现城镇化与经济增长之间表现出系统的关联性，Boom与Canning、Shabu等学者的研究也都得出相类似的结论，即没有发现城镇化与经济增长之间的关联性。黄婷通过研究认为城镇化与经济增长之间不存在双向的因果关系，并且指出如果单纯地把城镇化作为推动经济增长的一种政策，将会很难实现该政策的目标，若长期来看，城镇化发展仍然会是促进中国经济不断发展的必经之路。王婷通过建立经济增长模型进行估计，结果显示，中国的人口与空间城镇化都主要通过投资的传导机制促进经济增长，但却没有有效推动中国的消费水平。孔令刚和蒋晓岚的研究认为，新型城镇化是经济水平提升的中长期增长动力，城市空间的发展可以通过"精明增长"的模式提供。张占斌研究认为，在较长的时间内，新型城镇化对于推进中国经济中高速增长有比较大的增长空间，同时，对于经济在合理区间中的稳定运行具有重要意义。

（2）城镇化与居民消费

关于城镇化与居民消费，国内外都有一定的研究。关于这两者之间的影响关系，主要有以下两种结论。

一种结论认为，城镇化推动了消费水平的提升。Daniels等通过对美国的数据进行研究分析，认为美国城市消费增长的主要原因是由于城镇化产生的区域市场。Fujita等的研究认为，城镇化对于需求的扩张主要是通过城镇化所能产生的"积聚效应"与"规模效应"。Henderson通过研究表明了当一个国家或地区在经济转变过程中，从以农业为主的基础经济不断向以工业与服务业为主的行业进行转换，则该过程中会引起人口与产业不断向城市高度集中，这有助于居民整体消费水平的不断提升。雷潇雨与龚六堂通过建立一个多种类型消费者及地方政府的理论框架，分析城镇化对于中国居民消费率的影响，结果显示，城镇化水平的提高会推动城市消费率的增长，但是城镇化水平增速过快则会阻碍消费率增长。李林杰等发现城镇化与消费之间存在长期的协整关系，表明城镇化的提高推动了消费水平的提高。从屹等认为，当前的城镇化是不完全的城镇化，它只是人口的流动而不是转移，并指出当前的城镇化导致了长期的低消费。也有学者认为，城镇化于居民消费之间的影响是不确定的。李通屏认为，在存在城乡差距的情况下，长期看来，城镇化对消费率有影响，但短期影响并不显著。于洋等使用广义矩阵估计（GMM）方法对动态面板模型进行估计，发现城镇化对居民消费具有显著的正向作用，城镇化水平的提高有助于消费的提升。樊纲与王小鲁的研究认为，在所有非收入的因素对居民消费的影响中，贡献最大的因素是城镇化，并且城镇化对发达地区居民消费的影响更大，对相对欠发达区域居民的消费影响相对比较小。周建和杨秀祯在理论的基础上进行了实证研究，结果发现，城镇化水平显著影响了农村居民的消费行为，城市与农村之间存在着紧密的联动机制。国务院发展研究中心课题组、邹红和喻开志等的研究认为，城镇化对于居民消费水平提升与经济发展水平提升都提供了动力。

另外一种结论认为，城镇化并没有促进居民消费水平的提升。范剑平和向书坚、刘志飞和颜进、罗军和钟诚等的研究都认为中国城镇化水平的不断提升并没有促进城镇居民消费水平的提高，城镇化水平的提升对于居民消费水平提升的贡献率几乎为零。石凯和聂丽在对1985—2012年全国城镇化水平与居民消费支出进行研究的基础上，得出了城镇化水平与居民消费支出之间、平均消费倾向变化间都不存在关联，城镇化水平的提升实际上并没有促进居民消费水平提升的结论。范兆媛与周少甫通过利用2004—2014年中国31个省份的面板数据，基于含有固定效应的空间杜宾模型分析了城镇化与人口年龄结构变化对居民消费的影响，研究认为，城镇化对居民消费的直接影响不显著，但城镇化对居民消费产生了显著的负的间接效应。

柳汶秀与赵新宇认为，新型城镇化是在传统城镇化水平上进行优化，对于消费水平的提升有促进作用。谢淑娟认为，城镇化水平的提升对中国农村居民消费水平的提升是有利的，有助于解决城乡二元结构下存在的农民发展权利缺失、农民相关权益没有得到保障及无土地农民的就业难等问题，有助于释放居民潜在的消费需求。杨静和张光源则认为，城镇化水平的提升有助于提升个人的消费能力，同时保证公共服务均等化问题。顾纪瑞认为，城镇化促进了农业人口市民化的转变，提高了居民的可支配收入水平，促进了消费结构的升级，消费品的消费数量及耐用品拥有量也在不断增加。周少甫与范兆媛通过构建新型城镇化指标体系，研究认为，新型城镇化对居民消费率存在正的影响且存在区域差异。可以看出，就目前而言，新型城镇化与传统城镇化对于消费增长的作用不完全相同，但几乎所有文献都认为，新型城镇化在一定程度上促进了居民消费水平的提升。

(3) 新型城镇化与产业结构

关于城镇化对产业结构升级的影响，也有一定研究。大多数研究基于传统的城镇化进行，大致有以下两种观点。

一种观点认为，城镇化促进了产业结构的升级。Michaels 等认为，世界层次的城镇化会促进产业的重新分工与重组，进而成为产业结构不断升级的强大动力。Kolko 认为，城镇化能够促进服务业的不断发展和集聚，进而推动产业结构水平的升级。Glaeser、Duranton 都认为，产业结构的调整及优化是保证城镇化水平不断推进的支撑。Glaeser 认为，随着人口不断向城市集中，会提升城镇化水平，城镇化效率水平的提升主要是资源与要素流动所产生的集聚效应，劳动力人口向第二与第三产业的转移促进了制造业及服务业水平的提升。李克强总理指出，应将城镇化与产业结构的调整、新兴产业的培育、服务业的发展及促进就业创业有机结合起来。有少部分学者就新型城镇化进行研究。赵永平等认为，在不同的分位点上新型城镇化都显著促进了产业机构的升级，且不同的区域作用大小不同。杨治与杜朝晖认为，城镇化水平的高低直接影响到城镇化发展水平的高低，直接决定了这个地区产业结构的水平的高低。随着城镇化水平的提升，第一产业占比会逐步降低，第二与第三产业占比会逐步增加，在不同的工业化进程中，城镇化与产业发展有不同的相关规律，会促进第三产业占比不断升高，且第三产业会逐步取代工业或第二产业，将成为推动经济不断发展的主要力量。曾芬钰的研究认为，城镇化发展对于产业机构调整及优化都有着显著的促进作用。李诚固等的研究也得出了同样的结论，即城镇化水平的提升促进了产业结构水平的调整与优化。黄晓军的研究认为，近些年来，就东北地区而言，第三产业占比不断上升是推动城镇化不断发展的动力。吴雪玲等以四川省为研究对象，认为城市的经济密度、城市空间集聚、人口集聚能力及城镇体系都是影响产业结构演变水平的重要因素。蓝庆新等认为，中国的新型城镇化水平与产业结构升级之间存在着一定的空间相关性，新型城镇化能够显著提高产业的发展水平。吴福象和沈浩平的研究认为，在城市群的城镇化进程中，要素空间集聚的外部性跟研发创新效率的不断提升都促进了地区产业结构水平的不断升级。张爱武和刘玲认为，通过产业集群可以产生区域规模的经济效应，对该区域综合竞争水平的提升有促进作用，同时也为新型城镇化的不断发展提供持久的动力。

另一种观点认为，城镇化对产业结构升级的影响是负的。Farhana 等认为，当发展中国家的城镇化到达一定水平后，其产业也进入了更高的发展阶段，但是发展中国家仍处在产业链的底端，很容易进入"丰收贫困"的陷阱，这样对产业结构的升级是不利的。郑有国等认为，在城镇化的进程中，发展中国家的创新水平相对较低，较难推动产业发展，对推动产业升级是不利的。

（4）新型城镇化与城乡收入差距

对城镇化与城乡收入差距两者之间的关系许多学者也进行了研究，目前仍然没有形成统一的结论，主要有以下 4 种观点。

一是认为城镇化缩小了城乡收入差距。Keeble 与 Nachum 认为，城市具有其自身的集聚特征，会有大量的人口和产业的汇合，随着经济的不断发展与提升，服务业占比会越来越大，城市发展形成的区域性市场是服务业快速发展的基础。Blum、Metha 与 Hasan 的研究都认为，服务业有助于吸收大量的农村劳动力，进而有助于农村居民收入水平的提升，从而缩小城乡收入差距。Lin、Wang 和 Zhao 通过研究城镇化进程中城乡劳动力的流动问题，认为即使在城镇化的短期进程中，城镇化也会缩小城乡收入差距，对于人口流动的限制阻碍了城乡收入差距的减小。李实以劳动力流动的角度进行分析，认为随着农村劳动力不断向城镇流动，增加了农民的实际收入，进而缩小了城乡收入差距。陈钊、陆铭从政府在实施经济政策时是带有城市倾向的这一角度，通过选取 1987—2001 年中国省际面板数据，认为总体而言，城市化对于城乡收入差距的缩小有促进作用。许秀川、王钊通过选取中国 1997—2006 年 30 个省份的数据，对于中国的城镇化、工业化与城乡收入差距进行研究，得出了城镇化抑制了城乡收入差距扩大的结论。曹裕、陈晓红和马跃从面板协整的角度进行研究，认为在统计上而言，城镇化显著缩小了城乡收入差距。孙永强通过向量误差修正模型进行研究，认为随着城乡二元结构的不断缓解及城镇化水平的提升，都有助于城乡收入差距的缩小。王学龙等的研究认为，通过对土地流转制度进行改革，通过给予农民进行"市民化补贴"的方式来推动农村劳动力向城镇转移，会加速城镇化进程，也就会解决城乡收入差距的问题。李伶俐等通过实证分析，认为采取以政府为主导的城镇化可以整体上促进农村居民的就业，提升农村居民的收入，缩小了城乡收入差距。刘雪梅研究发现，新型城镇化对于城乡收入差距有缩小作用，其中关键在于农村的劳动力是否能够有效转移与农民收入是否能够真正提高。

二是认为城镇化促进了城乡收入差距的扩大。林毅夫和刘明兴从城镇化与经济发展战略的角度进行研究，陈迅和童华健从滞后的土地制度改革及渐进式的户籍制度改革的角度进行研究分析，肖卫则从分工与交易效率的角度进行研究，他们都得出了城镇化导致城乡收入差距扩大的结论。李尚蒲与罗必良的研究认为，现阶段的城镇化偏向于大中城市，这种模式扩大了城乡收入差距。陶然与刘明兴通过选取1994—2003年中国270个地级市的面板数据进行研究分析，研究结果表明政府关于城镇化倾向的政策与城乡存在的二元结构都是导致中国城乡收入差距扩大的主要影响因素。雷根强与蔡翔通过选用差分广义矩与系统广义矩两种方法进行研究，认为导致中国城乡收入差距不断扩大的一个重要原因是城市偏向的财政再分配政策。胡晶晶和黄浩通过对中国与中国的东中西部的城乡收入差距的演变过程进行分析，认为城镇化的加快与农村实施相对宽松的人口政策是造成城乡收入差距不断扩大的主要原因。

三是认为城镇化对城乡收入差距没有显著的影响作用。张义博与刘文忻通过选取1996—2006年中国宏观面板数据及1995—2002年中国家庭收入调查（CHIP）微观数据，通过将宏观计量分析跟微观统计比较分析进行结合的研究方法，得出了城镇化对于城乡收入差距影响不显著的结论。

四是认为城镇化与城乡收入差距存在着互动的关系，而不是简单的线性关系。Robinson通过理论研究，认为随着农村的劳动力不断转移，当到达刘易斯拐点的时候，劳动力的报酬会提升，因此，城乡收入差距就会表现出倒U型的变化过程。Anand、陈宗胜等学者通过两部门模型验证了倒U型假说，认为城镇化与城乡收入差距之间存在倒U型的关系。王小鲁与樊纲通过选用中国1996—2002年城乡内部收入差距数据作为研究对象，结果表明收入差距水平之间存在着库兹涅茨曲线的变化特征，且差距长期一段时间处于上升的阶段。王亚芬等一些学者的研究也得出了类似的结论。莫亚琳和张志超基于城乡二元结构模型及面板数据进行研究，认为城镇化对收入分配的影响是存在临界点的，当城镇化率比临界值小的时候，城镇化进程的加速会提高基尼系数，会恶化居民的收入分配；反之，当城镇化率比临界值大的时候，城镇化水平的提升会降低基尼系数。周云波的研究认为城镇化的变化是产生倒 U 型现象的主要原因，由于城乡人口流动所导致的城乡收入差距变化在 2011 年开始减少，农村居民内部收入差距拉大的速度在降低，倒 U 型曲线的拐点在 2006—2009 年出现。程开明和李金昌研究发现，城镇化与城市偏向是造成城乡收入差距扩大的原因，对城乡收入差距扩大产生正向冲击；城乡收入差距是城镇化水平上升的原因，对城镇化产生负向冲击。许秀川和王钊研究认为，城镇化跟城乡收入差距存在长期的均衡关系，城镇化对城乡收入差距的影响并不是简单的促进或抑制的作用，该影响还与城乡收入差距水平有关。郭军华也得出了类似的结论。陈斌开和林毅夫研究认为，城镇化与城乡收入差距之间是一种 U 型的特征，先下降后上升。穆怀中与吴鹏的研究认为，城镇化与城乡收入差距是倒 U 型的发展关系，当城镇化率在 49.26%～54.12%的时候，城乡收入差距呈现缩小的趋势。

（5）新型城镇化与金融支持

金融支持对于城镇化的相关作用，国外的相关文献开始主要是从经济增长与产业发展的相关维度进行了研究。Lampard 的研究认为，美国的城镇化水平跟经济发展之间存在着关联。Wilson 认为，城镇人口比例的提高就是人口城镇化，这种现象的出现主要有两种途径：一种是自然增长的现象；另外一种是人口迁徙导致的。Scott 通过对全球的区域城市进行研究，认为全球、区域、城市跟经济全球化之间是互相推动的。Black 与 Henderson 研究认为，城镇化与经济增长之间的关系是线性且显著的。Duncan 与 Vernon 通过对美国 318 个城市进行研究，认为经济水平增长的同时，城镇的数量也在不断增加。

金融与城镇化之间的研究逐渐引起了越来越多学者的关注。在早期的研究中，Goldsmith、Mckinnon、Levine 等学者通过不同角度对金融与经济之间的规律进行了研究，都认为金融水平的发展对经济增长具有推动作用，并且推动作用在不断的增强。Cho 等通过将美国的 5 个州作为研究对象，认为城镇化过程中土地的开发需要金融的支持，强调了在城镇化的过程中金融发展水平的提升对土地开发与投资的重要性，同时也指出，金融支出也促进了城镇化水平的提升。Stopher 认为，金融发展为铁路建设给予了支持，促进了美国的城镇化发展水平。Kim 认为，通过对房地产的融资，推动了城镇的基础设施建设，金融支出对城镇化的发展有着重要的影响。Marton 通过对比中国东中西部的经济现状，认为城镇化存在差异的主要原因是金融因素。Fan 通过比较区域人口增长的状况，认为金融因素对促进城镇化不断发展起着特别重要的作用。Song 和 Zhang 通过金融维度，对中国城市规模的分布及变化情况进行了分析，对城镇化的相关问题提出了建议。

国内学者也进行了相关的研究，大多数学者都认为，新型城镇化的发展离不开金融支持，认为需要加快对金融制度的改革，不断完善金融体系与相关机制。汪小亚的研究表明，金融对城镇化水平的支持作用主要体现在三个层面：第一个层面是对基础设施的建设与公共服务设施的建设与支持；第二个层面是对中小企业的发展进行支持；第三个层面是对于人口素质的不断提升进行支持。陈元与张云认为，对于城镇化建设的支持主要是不断优化进入市场，其中，金融创新工具、房产税、公私合营等优化都会是处理基础设施融资的潜在方式。陈雨露研究认为，在城镇化建设发展过程中会面临着一定的金融需求，需要建立更加统一、开放、有序、竞争的金融支持体系。孙红玲、孙健夫、张景华研究认为，在新型城镇化的建立与推进过程中会面临财政的问题，需要考虑到财政能否可持续发展，建立起与新型城镇化发展一致的税收发展模式。沈雪潋和郭跃、中国银监会合作部课题组的研究都认为，新型城镇化在未来的发展中要解决好农民工的问题，不断推进适合发展的人口政策，促进行政体制等多个方面的不断改革。蒙荫莉认为，金融水平发展会促进城镇化水平的快速提升，同时，城镇化水平的提升也会推动金融的发展。何国华和常鑫鑫认为，对中国自主创新的活力及效率而言，间接融资对其有显著的正影响，特别是对东部区域自主创新的影响更大。陈雨露认为，为了更好地解决城镇化建设中对金融的各种需求，应该建立一个更加有序、开放、竞争及统一、全面的金融支持体系。熊湘辉等认为，城镇化水平不断提高的同时也会拉大区域差距，金融支持对新型城镇化的发展有重要影响。崔喜苏等认为，金融支持的规模对中国东中西部的新型城镇化水平都有促进作用，金融支持结构对中国东中部城镇化水平有负的影响，金融支持效率对东部的新型城镇化水平有促进作用。范兆媛、周少甫用规模、效率及结构来衡量金融支持水平，采用动态空间杜宾模型，研究认为，金融支持规模显著提高了新型城镇化水平，对中西部影响更大，但是溢出效益不显著；金融支持效率对西部新型城镇化有显著促进作用；金融支持结构对西部新型城镇化有显著正的直接效应与间接效应。

也有的学者（如罗明忠和周启清）认为，城镇化的发展过程中存在金融压制的现象。在城镇化进程中金融抑制的相关研究,主要是集中在制度约束与金融管制方面所导致的金融抑制。在金融效率方面,伍艳通过对金融市场效率的研究,得出金融抑制一定程度上导致金融市场的效率不高,进而限制了城镇化的发展。陆岷峰和马艳认为,可以通过处理好金融市场结构的问题来提高金融效率。罗明忠则认为,金融资源的约束对农村劳动力向城镇的转移有抑制作用,这也表明需要加大金融对于劳动力转移的支持。张自力等认为,非正规金融跟正规金融制度相比,对中国资源的配置是不同的,导致了政策性金融对农村发展起的作用比较小。刘锡良和齐稚平的研究认为,在金融生态资源的分配中,城乡之间是存在差异的,制度资源的分配中存在一定的歧视,资源的分配是不平衡的。周启清认为,在农村土地流转的问题上,金融支持不到位的现象仍然是存在的。

1.3 研究内容与创新点

1.3.1 研究内容

本书各章内容简述如下。

第一章,绪论。首先,从中国经济发展所面临的挑战出发,给出了本书研究背景、研究问题及研究意义。其次,对城镇发展的相关文献进行了系统梳理。第一,对城镇化的概念研究进行梳理,并指出新型城镇化是传统城镇化的转型发展方向;第二,对新型城镇化的内涵与衡量标准进行了整理;第三,对新型城镇化所产生的经济效应的相关研究进行梳理,这些都是本书的研究基础。最后,对本书的研究内容进行了总结,并指出了创新之处,通过路线图从总体上对本书研究内容进行宏观把控。

第二章,城镇化的发展与新型城镇化的衡量。首先,通过对比世界城镇化的发展与中国城镇化的发展进程,研究了城镇化的发展历程;其次,通过城镇化的发展与以人为本发展观、全面发展的理念、协调发展的观念、可持续性发展的观念的偏离,对中国城镇化发展进程中的困境进行深入的挖掘和思考,进一步明确和深化认识城镇化发展的现状与需要突破的主要瓶颈;再次,提出传统城镇化转型发展的必然性;最后,提出新型城镇化发展水平评价指标体系的构建与测度。基于新型城镇化发展的内涵,通过指标构建的原则构建评价指标,从新型城镇化的经济、人口、社会与环境4个维度构建衡量新型城镇化的评价指标体系，利用熵值法客观衡量其发展水平。

第三章，空间计量模型。当变量中存在空间依赖性时，采用一般的模型无法处理不同的空间位置中存在的空间互动效应，本章给出了空间效应的检验及相关实证研究中所用到的空间面板模型。首先，对于空间数据、空间权重矩阵及空间相关性检验进行了回顾。其次，研究了空间静态模型的估计与相关的检验，给出模型中直接与间接效应及空间模型中的随机与固定效应的检验。再次，研究了空间动态模型，给出了空间动态模型的分类与不同模型的估算方法。最后，研究了空间动态误差模型。主要做了以下的工作：第一，对模型进行说明并给出了QMLE的估计方法；第二，给出动态短面板空间误差模型的SGMM估计步骤；第三，设计相应的蒙特卡洛实验来考察在不同情形下QMLE与SGMM的有限样本表现的优劣，并对实证研究者应用此模型给出了建议。对实证研究者，当模型的起始期确定后，首先进行QMLE估计，若滞后项的系数较小，则直接利用QMLE的估计结果；否则，再次利用SGMM估计得到更为精确的关于自回归参数的估计结果。

第四章，新型城镇化与经济增长效应。在中国经济外需下降、内需不足及经济发展结构性矛盾日益凸显的现实情境下，新型城镇化作为扩大内需的长期动力和经济持续健康发展的强大载体，对推进中国现代化进程具有不可估量的经济增长效应。因此，本章将从经济增长效应这一视角出发，利用中国省际面板数据模型，在增长模型的基础上引入新城镇化指标，利用动态短面板空间误差模型研究了新型城镇化对经济增长率的影响及区域差异。实证研究认为，新型城镇化水平的提高对经济增长率的提升有显著的促进作用且存在区域差异，对中西部的影响较东部影响更大。

第五章，新型城镇化与居民消费。新型城镇化与传统城镇化不同，新型城镇化是对传统城镇化的全面校正与系统优化，在校正与优化的进程中必然会进行一系列的改革与创新，打破不合理的体制机制性的约束，促进新型城镇化战略的顺利推进，释放居民消费增长的巨大潜力。因此，本章首先利用空间杜宾模型研究了城镇化与人口年龄结构对居民消费的影响，研究表明，城镇化对消费率有显著负的间接效应，城镇化水平的提升没有促进消费，这可能与中国城镇化率还没有达到拐点、消费具有滞后性、不完全的城镇化及高房价有关；其次，研究了新型城镇化、城乡收入差距对居民消费的影响与区域差距，新型城镇化促进了居民消费水平的提升，促进了居民消费增长潜力的释放；最后，给出了相关的政策意见。

第六章，新型城镇化与产业结构升级。一个国家的产业结构水平关系到这个国家经济发展的速度及效益的水平。新型城镇化发展需要产业发展与转型升级作为支撑，自改革开放以来，中国政府就致力于调整和改造产业结构，由第一产业向第二、第三产业集聚，产业结构水平不断升级，那么，新型城镇化是否推动了产业结构水平的升级？本章将基于此问题展开论证研究。通过空间模型的相关检验，选择含有随机效应的空间杜宾模型作为解释模型，同时为了研究不同区域的产业升级水平，引入了两区制空间杜宾模型进行分析，利用两种不同的空间权重矩阵研究新型城镇化发展水平对产业升级水平的影响。

第七章，新型城镇化与城乡收入差距。中国的人口城镇化率已经超过了50%，城镇化的发展也进入了新阶段，但是城乡二元结构仍然存在，最直接的表现为城乡收入差距问题没有得到根本的改善，城乡收入差距还有扩大的趋势。新型城镇化道路是破解城乡收入差距问题的有效途径。本章将此作为研究路线，首先，选用空间杜宾模型研究了新型城镇化对于城乡收入差距水平的直接、间接与总的影响效应；其次，研究了产业结构对于城乡收入差距的空间影响效应；最后，分区域研究了新型城镇化水平、产业结构水平对于城乡收入差距的空间影响效应，并给出了政策意见。

第八章，新型城镇化与金融支持。在经济活动中，金融处于核心地位，教育、就业、养老、医疗卫生、住房、基础设施建设等都需要大量的资金支持，金融支持必然会对新型城镇化产生影响。本章从规模、效率及结构3个维度来衡量金融支持水平，采用空间动态杜宾模型，利用省域数据研究了金融支持对新型城镇化的空间影响效应。

第九章，结论与政策意见。首先，对本书的主要结论进行了总结；其次，基于实证研究结论提出了相应的政策意见，为中国新型城镇化的有效推进及经济的可持续发展提供重要的依据，让新型城镇化的经济效应惠及民生，让全体人民都可以享受到新型城镇化的文明成果，提升居民的生活质量，促进人类的全面发展与经济社会的和谐进步；最后，对本书研究内容进行了展望，指出研究中存在的不足。

本书的研究路线如图1.2所示。

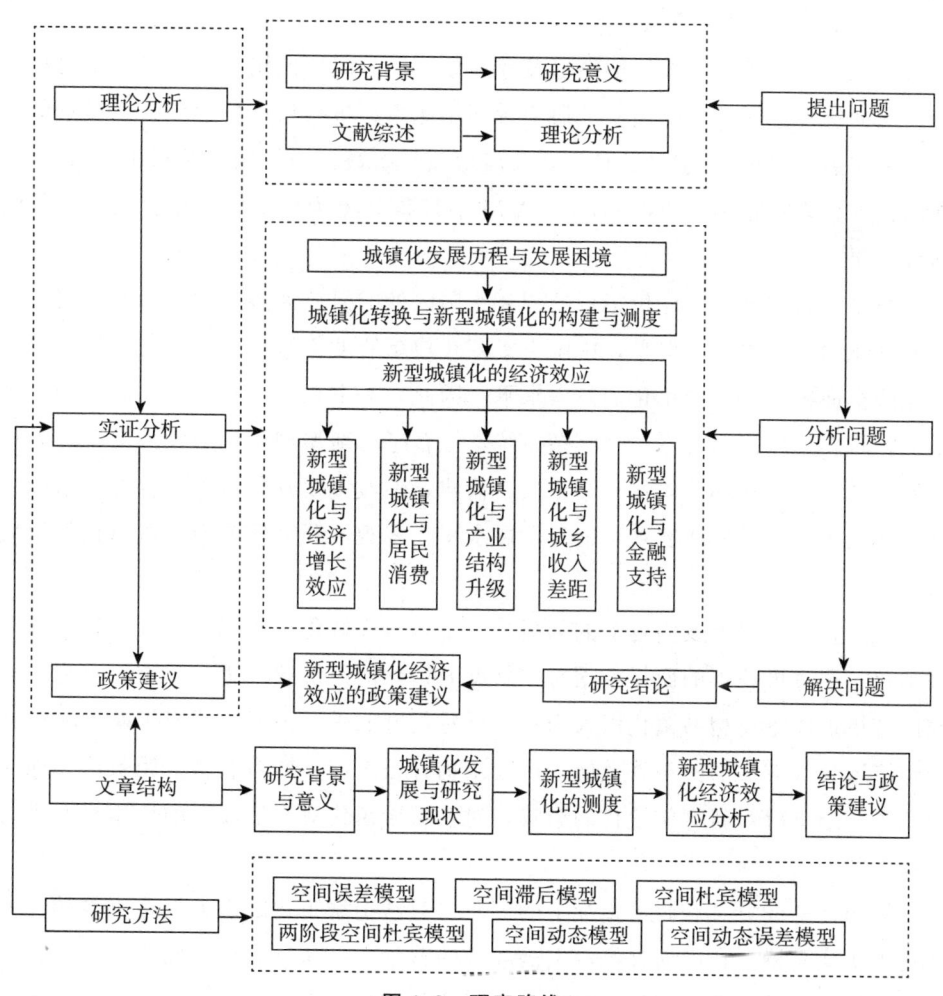

图 1.2 研究路线

1.3.2 创新点

第一，研究方法上的创新。总体上采用定性与定量相结合、理论与实证相结合的研究方法，以空间面板计量为主线，利用空间静态、空间动态面板模型进行实证研究；将空间计量模型融合在城市经济学、区域经济学、计量经济学、产业经济学、经济增长论、经济地理学等多分支学科中，系统研究了新型城镇化的经济效应，利用 Matlab、Stata 等软件进行分析，形成本书的研究方法体系。在理论模型上，针对动态短面板空间误差模型的不足进行研究。首先，给出了该模型的三步 SGMM 的估计方法。其次，将 SGMM 估计与 QMLE 方法进行蒙特卡洛仿真模拟比较，给出了在一般情形及存在单位根、起始期错误的情形下，模型估计方法的选择。最后，给出实证研究者利用此模型进行估计的建议，当模型的起始期确定后，先进行 QMLE 估计，若滞后项的系数较小，则直接利用 QMLE 方法的估计结果；否则，再次利用 SGMM 估计得到更为精确的关于自回归参数的估计结果。

第二，新型城镇化评价指标的创新。国内外的研究大多采用人口城镇化率衡量城镇化的发展水平，但是，中国由于存在户籍制度等原因，单一的人口城镇化率无法全面衡量新型城镇化的发展水平。因此，本书在新型城镇化发展内涵的基础上，将新型城镇化看作一个复杂系统，综合考虑新型城镇化的经济基础、人口发展、社会功能和环境质量 4 个方面，构建新型城镇化发展水平综合评价指标体系，利用改进的熵值法客观测度其发展水平，客观准确地反映新型城镇化的发展状况。

第三，研究视角及内容上的创新。本书将研究视角从传统的城镇化转向新型城镇化，通过可获得的面板数据对于新型城镇化的经济效应进行全方位审视，研究内容更加注重新型城镇化以人为本与质量提升的重要内涵，研究了新型城镇化的经济增长效应、居民消费效应、产业结构升级效应、城乡收入差距效应，同时研究了金融支持对新型城镇化的影响，对新型城镇化对经济发展的作用机制进行了深入的剖析。

第四，实证意义和政策指导上的创新。对新型城镇化的重大战略决策的有效性提供实证支持。在国内外经济发展环境的背景下，新型城镇化已经成为"新常态"背景下促进经济转型发展的强有力引擎与破解经济发展困境的金钥匙。本书选取中国省际面板数据，从全国和分区域两个层面进行实证研究，金融支持力度的加大促进了新型城镇化水平的提升，新型城镇化有效促进了经济增长水平的提升、刺激了居民消费、推动了产业结构转型与升级及缩小了城乡收入差距等，为新型城镇化战略的可行性提供支持，为政府部门制定相关的政策提供思路与经验证据。

1.4 本章小结

第一,从中国经济发展所面临的挑战出发,给出了本书的研究背景与研究意义,指出了城镇化进程中依然存在着诸多发展的不和谐,应采取及时有效的城镇化发展途径,选择适宜的城镇化发展模式,解决经济发展中各种潜在的风险和瓶颈问题。

第二,对城镇发展的相关文献进行系统梳理,主要从三个层面进行梳理:一,对城镇化的概念研究进行梳理,指出新型城镇化是城镇化的发展方向;二,对新型城镇化的内涵与衡量标准进行了整理;三,对新型城镇化所产生经济效应的相关研究进行梳理,这些都是本书研究的基础。本书将会在此基础上展开实证研究。

第三,对本书的研究内容进行总结并指出创新之处,通过设计研究路线图对本书研究内容进行宏观把控。

第二章　城镇化的发展与新型城镇化的衡量

2.1　城镇化发展历程与发展困境

2.1.1　城镇化发展历程

(1) 世界城镇化发展历程

世界城镇化进程可以分为 3 个阶段：工业革命前期是世界城镇化发展的第一个阶段，这一阶段的城市数量相对较少、规模也小、城市人口占比也很小，这一阶段的城镇化发展进程最长；第二个阶段是工业社会时期，即 18 世纪中期开始，随着工业化浪潮的不断推动，城镇化发展进入了全新的发展阶段，此时，城镇化的发展速度超过以往的任何时期，城市数量骤增，规模扩大；第二次世界大战后是城镇化发展的第三个阶段，这一阶段世界城镇化进程不断提速，城镇化发展形成世界规模。诺瑟姆（1979）通过进行一系列的实证研究发现，城镇化不断发展演变的过程具有阶段性的规律，其过程呈现一条 S 型曲线，也被称为"城镇化过程曲线"，图 2.1 所示。

图 2.1 将城镇化发展演进的过程分为 3 个阶段，即初始阶段、加速阶段及稳定阶段。初始阶段表现为：当城镇化率达到 10% 之后，城镇化发展进程启动。此时的城市发展水平相对较低，增长速度也很缓慢，这一阶段经历的时间也比较长，随着城镇化水平的不断提高，当城镇化率达到 30% 后，就会进入城镇化发展的加速阶段。加速阶段表现为：城镇化率达到 30%，且随着工业化发展的进一步快速推进，第二产业逐渐成为国民经济发展的主导力量，第三产业占比逐步上升。随着城市规模的扩大，城市的人口数量极速增加，整体上城镇化进程呈现

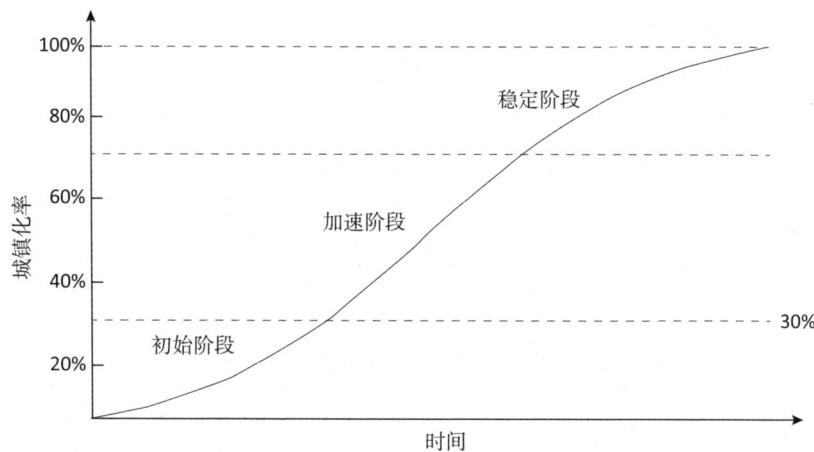

图 2.1 城镇化过程曲线

不断加快的趋势,但同时也会造成交通拥堵、住房需求扩张、环境进一步恶化等问题。当城镇化率超越 60% 后,城镇化的发展会慢慢趋于缓和,进入下一个发展阶段。稳定阶段表现为:城镇化率超过 60% 后,以发展第三产业及高新科技产业为主,城市中人口的增长速度缓慢增长,甚至于停滞。此时,城市人口增长的速度处于第三阶段,即稳定的发展阶段,这时城乡收入差距不断缩小,也有可能会出现"逆城镇化"发展的现象。

(2) 中国城镇化发展历程

中华人民共和国成立以来,在对城镇化的不断探索与实践过程中,可以把 1978 年作为分界线,城镇化的发展有两个比较大的发展阶段:改革开放前,1949—1978 年,这个阶段可以看作是计划经济体制下城镇化水平不断发展的时期;改革开放后,即 1979 年至今,这个阶段是经济市场化改革中城镇化水平不断发展的时期。

1978 年以前,也就是改革开放以前,城镇化发展包括自上而下的制度发展的第一个阶段与城镇化不断起伏波动发展的第二个阶段。第一个阶段指在计划经济体制下,与城镇化发展相关的所有制度的总和,其中包含产业发展制度、经济要素之间的流动制度(如人口在城乡之间的流动制度、关于农产品进行统购统销的制度、工业及农业产品价格存在的"剪刀差"制度及城市在建设投资中存在的制度等)。1978 年以后,面对自主发展的国民经济体系及高速推进工业化发展的双重目标,计划经济作为基础,坚持以政府为主导,重工业优先发展是中国选择的发展战略。与城镇化制度发展及战略相适应,形成城市建设中的低投入制度、城乡人口、户籍、就业等相关的制度,最终导致了城乡二元结构的形成。这一阶段的城镇化表现出曲折、反复及发展水平提高相对比较慢的特点。

依据经济不断发展的特点,1949—1978 年这段时期的中国城镇化水平分为 6 个不同的发展阶段。表 2.1 给出了相关的数据。

表 2.1　1949—1978 年中国城镇化率的变化状况

发展阶段	年份	总人口（亿人）	城镇人口（亿人）	城镇化率	城镇化率增长水平	各阶段城镇化率年均增长率
第一阶段	1949	5.4167	0.5765	10.64%		0.670%
	1950	5.5196	0.6169	11.18%	0.53%	
	1951	5.6300	0.6632	11.78%	0.60%	
	1952	5.7482	0.7163	12.46%	0.68%	
	1953	5.8796	0.7826	13.31%	0.85%	
第二阶段	1954	6.0266	0.8249	13.69%	0.38%	0.085%
	1955	6.1465	0.8285	13.48%	−0.21%	
第三阶段	1956	6.2828	0.9185	14.62%	1.14%	1.250%
	1957	6.4653	0.9949	15.39%	0.77%	
	1958	6.5994	1.0721	16.25%	0.86%	
	1959	6.7207	1.2371	18.41%	2.16%	
	1960	6.6207	1.3073	19.75%	1.34%	
第四阶段	1961	6.5859	1.2707	19.29%	−0.45%	−0.970%
	1962	6.7259	1.1659	17.33%	−1.97%	
	1963	6.9172	1.1646	16.84%	−0.49%	
第五阶段	1964	7.0499	1.2950	18.37%	1.53%	1.530%

续表

发展阶段	年份	总人口（亿人）	城镇人口（亿人）	城镇化率	城镇化率增长水平	各阶段城镇化率年均增长率
第六阶段	1965	7.2538	1.3045	17.98%	-0.39%	-0.030%
	1966	7.4542	1.3313	17.86%	-0.12%	
	1967	7.6368	1.3548	17.74%	-0.12%	
	1968	7.8534	1.3838	17.62%	-0.12%	
	1969	8.0671	1.4117	17.50%	-0.12%	
	1970	8.2992	1.4424	17.38%	-0.12%	
	1971	8.5229	1.4711	17.26%	-0.12%	
	1972	8.7177	1.4935	17.13%	-0.13%	
	1973	8.9211	1.5345	17.20%	0.07%	
	1974	9.0859	1.5595	17.16%	-0.04%	
	1975	9.2420	1.6030	17.34%	0.18%	
	1976	9.3717	1.6341	17.44%	0.09%	
	1977	9.4974	1.6669	17.55%	0.11%	
	1978	9.6259	1.7245	17.92%	0.36%	

数据来源：依据国家统计局官网的数据计算而得。

第一阶段为1949—1953年，城镇化率由1949年的10.64%增加到1953年的13.31%，第一阶段年均城镇化率提升了0.670个百分点。第二阶段为1954—1955年，这一阶段的城镇化率为13.48%与13.69%左右，年均城镇化率提升了0.085%，这一阶段属于城镇化水平的停滞阶段。第三阶段为1956—1960年，城镇化率由1956年的14.62%增加到1960年的19.75%，这一阶段属于城镇化水平快速增长的阶段，年均城镇化率提升了1.25%。随着"一五"期间经济相关工作的顺利开展，建设社会主义相关经验的不足慢慢体现出来，如制定了相对实际能力更高的计划指标，工业的膨胀发展，大量的农业劳动力不断进入城市，向非农产业转移，引起城镇与人口数量急剧增加，城镇化率急速增长，城镇化水平的快速增长为下一阶段城镇化水平发展埋下了隐患。第四阶段为1961—1963年，这一阶段的城镇化水平没有增长反而降低了，也称为反城镇化，城镇化率由1961年的19.29%减少到1963年的16.84%，城镇化率年均减少了0.970%。受自然灾害的影响，农村劳动力减少，农业损失惨重，但是，城市的基础设施、农副产品都无法满足城镇人口快速增长的需求，无法满足城镇人口的生活。为了应对出现的各种问题，中央对各级政府进行要求，限制农民进入城市就业，这样，城市与农村之间的劳动力无法自由流动。从1961年开始调整经济发展，主要是大批的城市职工返回农村，这样，劳动力就出现了向农村的"逆向转移"。1962年，中央工作会议中提出了《关于减少城镇人口和压缩城镇粮食销量的九条办法》，提出争取3年减少3000万城镇人口。1963年，颁布了关于城镇设置的新的标准，提高镇设置标准，撤销一切不符合标准的建制镇。这些措施都促进了城镇及人口数量的减少，从而降低了城镇化率。1963年年底，城镇人口相比1960年减少了1427万人，城镇化率也由1960年的19.75%下降到1963年的16.84%。1964年为经历前一阶段降低后的增长阶段，也就是第五阶段，这一阶段的城镇化率为18.37%，城镇化率较1963年增加了1.53%，属于猛增阶段。第六阶段为1965—1978年，这一阶段的城镇化水平处于停滞跟衰弱的阶段，这一阶段的城镇化率在17.5%左右徘徊，变化不是很大，这一阶段处于整顿阶段。在这一阶段，工业、农业生产相对停滞，经济损失严重。同时，城镇占比增长主要是通过自然增长，增长速度比较缓慢，幅度也较小。

1978年之后，改革开放为市场经济条件下的中国经济社会发展注入了新的动力，是中国改革开放及社会主义市场经济体制逐步建立的阶段。随着中国经济体制改革的逐步深化，中国经济快速增长，城市中第二、第三产业快速发展，进而推动了城镇化的发展，为城镇化发展注入动力，结束了改革开放以前城镇化倒退和徘徊发展的状况，中国的城镇化发展水平进入了一个加速稳定增长的发展阶段。将城镇化具体分为以下几个发展阶段（表2.2）。

表 2.2　1979—2015 年中国城镇化率的变化状况

发展阶段	年份	总人口（亿人）	城镇人口（亿人）	城镇化率	城镇化率增长水平	各阶段城镇化率年均增长率
第一阶段	1979	9.7542	1.8495	18.96%		0.81%
	1980	9.8705	1.9140	19.39%	0.43%	
	1981	10.0072	2.0171	20.16%	0.77%	
	1982	10.1654	2.1480	21.13%	0.97%	
	1983	10.3008	2.2274	21.62%	0.49%	
	1984	10.4357	2.4017	23.01%	1.39%	
第二阶段	1985	10.5851	2.5094	23.71%	0.69%	0.55%
	1986	10.7507	2.6366	24.52%	0.82%	
	1987	10.9300	2.7674	25.32%	0.79%	
	1988	11.1026	2.8661	25.81%	0.50%	
	1989	11.2704	2.9540	26.21%	0.40%	
	1990	11.4333	3.0195	26.41%	0.20%	
	1991	11.5823	3.1203	26.94%	0.53%	
	1992	11.7171	3.2175	27.46%	0.52%	
	1993	11.8517	3.3173	27.99%	0.53%	
	1994	11.9850	3.4169	28.51%	0.52%	
	1995	12.1121	3.5174	29.04%	0.53%	
第三阶段	1996	12.2389	3.7304	30.48%	1.44%	1.35%
	1997	12.3626	3.9449	31.91%	1.430%	
	1998	12.4761	4.1608	33.35%	1.44%	
	1999	12.5786	4.3748	34.78%	1.43%	
	2000	12.6743	4.5906	36.22%	1.44%	
	2001	12.7627	4.8064	37.66%	1.44%	

续表

发展阶段	年份	总人口（亿人）	城镇人口（亿人）	城镇化率	城镇化率增长水平	各阶段城镇化率年均增长率
第三阶段	2002	12.8453	5.0212	39.09%	1.43%	1.35%
	2003	12.9227	5.2376	40.53%	1.44%	
	2004	12.9988	5.4283	41.76%	1.23%	
	2005	13.0756	5.6212	42.99%	1.23%	
	2006	13.1448	5.8288	44.34%	1.35%	
	2007	13.2129	6.0633	45.89%	1.55%	
	2008	13.2802	6.2403	46.99%	1.10%	
	2009	13.3450	6.4512	48.34%	1.35%	
	2010	13.4091	6.6978	49.95%	1.61%	
	2011	13.4735	6.9079	51.27%	1.32%	
	2012	13.5404	7.1182	52.57%	1.30%	
	2013	13.6072	7.3111	53.73%	1.16%	
	2014	13.6782	7.4916	54.77%	1.04%	
	2015	13.7462	7.7116	56.10%	1.33%	

数据来源：依据国家统计局官网的数据计算而得。

第一阶段为1979—1984年属于城镇化水平快速发展阶段，城镇化率由1979年18.96%增加到1984年的23.01%，年均增长率为0.81%。这一阶段的发展以农村经济体制不断改革作为主要推力，农村联合生产承包责任制及产业结构的不断调整一起推动了城镇化水平的发展。十一届三中全会提出将经济建设作为党和国家工作重心的决定，1979年召开的全国人大第五届二次会议，提出将"调整、改革、整顿、提高"作为发展的总方针，经济调整工作全面展开。一是调整农村的政策，其中包括实现家庭联合生产承包责任制，鼓励进行多种经营，逐步放开农贸市场的发展，提高广大农民发展的积极性。二是加快轻工业的发展，调整产业结构，促进工业与农业的协调发展，重工业与轻工业逐步趋于协调发展。

第二个阶段为1985—1995年，属于城镇化水平稳定发展阶段。1984年，十二届三中全会提出了《中共中央关于经济体制改革的决定》，指出了经济体制改革加快的必要性和紧迫性，指明了加快改革的一系列方向、任务及方针政策。之后，中央政府以经济战略的全局作为出发点，逐步出台了具体的方针政策。从1985年开始，更全面的经济体制改革逐渐展开，原来的计划经济体制逐步被打破，为国民经济的发展注入了新的生机和活力，国民经济逐步走上了可持续发展的道路。这一阶段的城镇化率从1985年的23.71%增加到1995年的29.04%，年均增长率为0.55%，城镇化水平稳定增长。

第三个阶段为1996年至今，这一阶段属于在全面推进市场化改革背景下城镇化水平快速增长的阶段，也是城镇化水平快速发展的阶段。城市的建设、发展及经济开发区的建立都为推动城镇化水平的发展提供了动力，城镇化率由1996年的30.48%增长到2015年的56.10%，年均城镇化增长率为1.35%。这一阶段中国经济高速增长，各级政府对户籍限制逐步放松或放开，城镇化水平步入加快发展阶段。经济高速增长的主要原因是城镇建设投资的高速扩张。城镇化水平的不断提升主要表现在：各个城市在空间布局上不断扩张，加快了中国土地城镇化水平；各大中小城市的不断兴起，引起了开发区建设的高潮，为进一步发展各个地方的经济，吸引外商进行投资，开发区及工业园区大量兴建，这都对农村劳动力产生了强大的需求；全国各地乡镇企业快速增加，产值增加，出口及农村剩余劳动力都推动了国民经济的发展；还有一部分城市主要通过撤离县建立区、将居民户籍身份进行转变等一些方式，人为地加快城镇人口的比例；在农村推动、城镇不断拉动及国家有关政策的共同影响下，大量农民进城打工，大量农村剩余劳动力向非农产业转移。自1996年以来，随着我国人口的不断迁移和流动速度的不断加快，城镇数量与规模不断扩大，造成城镇人口数量迅速增加，中国的城镇化进入加速发展阶段。自2011年开始，中国城镇人口数量第一次超过了农村人口数量，城镇化率也达到了51.27%，开始进入以城市人口为主体的新时期。2015年的城镇化率达到了56.10%，比1996年的城镇化率增加了25.62个百分点。经济不断发展与城镇化水平不断提升进一步推动了珠江三角洲、长江三角洲及京津冀等城市群的形成与发展，城市群逐步变成区域经济进一步发展的中心。目前，中国的城镇化水平还处在快速发展的阶段，但城镇化率的增速可能会慢慢趋缓，城镇化的发展重点将由数量上的增加逐步转向质量上的提升。

2.1.2　城镇化发展困境

过去的几十年以来，中国的城镇化水平发展成就显著，中国也积累了不少相关经验，但可以肯定的是，城镇化发展过程中也存在不少的问题。如果按照原来的道路发展下去，原来发展模式的弊端所带来的问题有可能会恶化，因此，需要探索新的发展道路，需要找出传统的城镇化过程中存在的不足，走新型城镇化发展道路，促进城镇化发展与转型，推动城镇化健康稳步发展。坚持以人为本，全面协调可持续的发展观。传统的城镇化发展道路，有些方面的确存在与发展观要求不相符的情况，并与发展观存在一定的偏差。

（1）传统城镇化发展与以人为本发展观偏离

城镇化的实质是人口的城镇化，是人口与土地逐步向城镇不断集聚的过程。城镇化率大多是通过城镇人口占总人口的比例进行衡量的，但传统的城镇化在很大程度上没有考虑到人的因素，因此，没有很好地体现以人为本的发展理念。大量进城打工农民工的基本权益得不到完全的保障，"市民化"的过程比较困难。数据显示，2015年中国城镇人口高达了7.71亿人口，城镇化率也高达56.10%，城镇人口通过常住人口进行统计，其中一部分人口是在城镇居住时间达到半年以上的农民工及随着农民工进城的家属，他们在统计上虽然被看为城镇人口，但我国的户籍制度存在"二元分割"的现象。同时农民工的收入水平相对很低，很难享受到跟城市居民相同的待遇，无法跟真正的城市居民一样享受城镇化发展带来的益处。

城市的不断发展与建设需要各个行业的支持，需要各个岗位的劳动者一起努力去维护城市的发展。随着城镇化的发展，大量农村劳动力进入城市，为城市更好的发展贡献力量。为城市的建设做出了最大的努力，但是由于受户籍等相关制度的制约，大部分的农民工没有享受到更好的公共服务，相对城市户籍居民享受的福利待遇比较低，相对而言，主要有以下几个不足：一是教育等公共服务的不足。农民工虽然在城市工作，但是其子女却没法享受跟城市户籍居民一样的教育资源，最明显的就是中考及高考等考试的限制，农民工子女无法在其工作城市参加考试，有的还需要在户籍所在省份读书。二是无法享受与城市居民相同的医保等保障。农民工虽然参与了新农合，但受到收入低且新农合报销政策等方面的限制，农民工很难获得正规大医院同等的医保服务。三是参与城镇社会保险的人比较少。收入相对较低、收入不稳定、流动性大、报销相对困难等因素都影响了农民工参与社会保险的积极性。四是保障性住房不足。绝大部分区域都没有给予农民工住房相关保障,公租房、廉租房农民工无法租用,经济适用房等农民工也无法获得,因此,很多农民工居住环境较差,生活水平相对也比较差。五是很难在城镇落户。特别是北京、上海、深圳等大城市,这些城市的落户门槛比较高,农民工很难达到这些门槛,根本无法在这些城市落户。

为了保障农民工享受相关的权益,改善农民工生活、学习、工作的环境,引导农民工有序、合理地进入城市。对企业而言,需要与农民工签订劳动合同,并严格按照劳动合同为农民工缴纳工伤保险等;保障进城农民工子女能够正常接受义务教育,同时也能享受医疗保险等福利,保障他们享受到合理的公共服务。目前,国家也逐渐放宽了农民工在城市落户的条件,随着这些政策的实施,能更好地保障农民工的权益。

另外一个与建设以人为本的城镇化发展理念相互偏离的是:在城镇化快速发展的过程中,农民的土地逐步转化为非农业用地,如用于建房等。农村的土地被划为了城市区域,但是,农民却无法真正完成由于土地变更带来的身份转变,无法更好地享受到城镇化的快速发展所带来的福利待遇。城镇化的快速发展也会带来一系列的问题,如就业困难,进而会引起一定的社会矛盾。城镇化建设需要征用农民的土地,受到各种因素的影响,部分被征用土地的农民处于一个比较尴尬的境地,他们既与农民不同,又与城市居民不同,在城市的边缘徘徊。由于这部分农民的文化水平不是很高,也没有很好的技能,他们在城市的就业更加困难,就业不稳定,收入也不稳定,无法完全享受与城镇居民相同的福利待遇,成为社会上的弱势群体。

(2)城镇化发展与全面发展理念相偏离

与全面发展理念相偏离,一方面,盲目追求城镇化发展"量"的提高,但却忽视了城镇化发展"质"的提高。城镇化发展水平的改善应该是城镇化"质"与"量"都提高的过程。改革开放以后,特别是 1996 年以来,政府相关部门都提高了对城镇化发展的重视程度,将城镇化发展作为最为重要的一个任务来抓,然而,他们更多的是关心城市的发展规模与速度,注重城镇化"量"的提升,但对城镇化"质"的提升关注很少,因此,也就出现在统计意义上的城镇人口的增多、城镇土地面积的不断扩张及大量高楼的建设。1996—2015 年,中国城镇化率均年增长率为 1.35%。虽然统计意义上的城镇人口数量大量增长，但能够享受到更多基本公共服务的人口却没有同等比例的增长。在被统计人口中，在城镇中居住 6 个月以上的居民，都被纳入城镇化率的计算中，拉动了城镇化率的提升；也有一些区域把郊区等划为城镇区域，人为增加了城镇化率，但这些地方的产业并没有得到发展；甚至为了达到城镇化发展的要求，人为地把农业户口改为城镇户口，这些人既无法得到国家关于农业的补贴，又无法享受到城镇居民的待遇。另外，城镇土地盲目扩张并没有为城市带来人口在相应区域的集聚，也没带来产业的集聚。大规模地盲目扩大用地，虽然用地面积不断增大，但却没有产业发展的支撑，这样可能会出现城市空壳的现象。

在城镇化发展过程中，过多强调城镇经济水平的发展，却没有重视文化、社会及生态环境等方面的建设；过多强调经济增长及中国经济建设的内涵，却没有重视社会公平发展、人文知识传承及改进人类居住生态环境，这些都与全面发展理念相偏离。对于社会而言，公共事业发展的资金投入不足，基本的公共服务设施也不完善，还存在看病难、上学难、租房与住房难、交通拥堵等一系列的问题，教育、医疗卫生、社会保障、环境保护、治安等公共服务都没有跟上经济社会的发展，也就造成了居民生活水平质量不高。对于环境而言，粗放型的发展方式造成了资源利用率相对较低，生态环境破坏没有得到及时治理，大多数企业采取"先污染，后治理"的方式，加剧了城市居民居住环境的恶化。对于文化而言，城镇化发展过程中没有重视文化特征，没有突出城市风貌，出现了千城一面的局面。在城市建设过程中为了追求城市的新奇特，而忽视了城市整体的协调，也没有与该城市自身的历史文化特色相结合。城市的生态环境遭受到破坏，原有城市本身的个性及韵味都消失了。

另一方面，与全面发展理念相偏离的是没有科学设计城市的发展规划。只有合理地规划城镇化发展，指引城镇化朝着健康、合理、有序的方向发展，才可以实现城镇化发展的长远利益，逐步满足城镇化过程中经济社会的发展要求，提高居民物质、生活、文化水平。中国的城市规划中，仍然存在一些相对不科学与不合理的现象，如在规划设计时只重视经济的增长。这些问题在一些大城市更加明显，在城市建设用地上，工业用地所占的比例较大，而居民住宅用地相对较少。在布局上，居住与就业布局相分离，商业用地与公共基础设施建设布局也不合理。由于不同行业及部门没有统筹协调发展，建设布局的不合理给居民的工作、生活造成影响。

(3) 城镇化发展与协调发展观念存在偏差

城镇化发展与协调发展观念存在偏差主要体现在以下四个方面。一是与经济社会发展、区域协调发展、城镇空间布局、城乡协调发展存在偏差。城镇化发展较工业发展相对滞后，与经济社会的发展不协调。表2.3给出了城镇化与产业的比较。

表2.3 中国城镇化与产业的比较情况

年份	第一产业		第二产业		第三产业		城镇化率
	产值占比	就业数占比	产值占比	就业数占比	产值占比	就业数占比	
1978	27.7%	70.5%	47.7%	17.3%	24.6%	12.2%	17.92%
2000	14.7%	50.0%	45.5%	22.5%	39.8%	27.5%	36.22%
2010	9.5%	36.7%	46.4%	28.7%	44.1%	34.6%	49.95%
2015	9.0%	28.3%	40.5%	29.3%	50.5%	42.4%	56.10%

数据来源：根据Wind数据库整理得到。

利用第二产业占GDP的比值衡量工业化水平，则2009年中国的城镇化水平第一次超过了工业化水平。2010年城镇化率为49.95%，而工业化率为46.4%，两者的比值为1.08，而2010年全世界两者的平均比值为1.95，2015年中国也只有1.39，这都表明中国的城镇化明显滞后于工业化的发展。目前，中国的城镇化率相对比较低，城镇化质量水平也相对较低，由于在城镇化的计算中，将2亿多没有享受到城市福利的农民工也统计在内，若是在统计中将这一部分人口去掉，城镇化率将会大幅降低，因此，中国的城镇化是不完全的，是一种"半城镇化"。若将城镇化水平与工业化、经济社会发展等进行比较，城镇化水平是相对比较滞后的。

二是城镇化区域的不协调发展。就中国目前的状况而言，区域间的城镇化水平发展不均衡，东部地区城镇化水平相对较高，而西部地区城镇化水平相对较低，城镇化发展水平表现出东高西低的特征。这种现象出现的原因主要是东中西部地理方面的差距，主要差异是东部地区的经济比其他区域发达，而西部经济相对比较落后。这种差异是在自然条件、社会环境、发展方式等不同情形中逐渐形成大的差距。相对于中西部地区中国东部地区的经济发展更快，占全国少量的土地面积却集聚了大量人口。经济发展比较快的区域大多数都属于我国的东部沿海地区。中西部与东部相比，经济实力较弱，对外开放程度也比较低。经济发展上的差异决定了在城镇发展建设、规模水平和综合承载能力等方面的差异，东部发展水平最高，中部次之，而西部最低，呈现明显的"三级阶梯"特征。

城镇化区域的不协调发展不仅体现在城镇化水平比较低，还体现在政策引导上的差异。对于发展比较快的东部地区，其经济及城镇化的发展也比较快。东部地区面临的问题是如何提高该地区城镇化的发展质量及城镇化快速发展中的结构矛盾，特别是基础设施发展、交通拥堵、绿色城市建设、提高居民公共服务及提升居民生活质量水平等。对于发展特别好的城市（如北京、上海等）其城镇化发展是成熟的，面临的问题可能就是城镇化的转型升级。

与东部相比，中西部的城镇化水平发展相对比较低，对中西部而言，城镇化发展还不是很成熟，工业发展也不成熟，一些偏远的地方还面临产业支撑缺乏或产业支持不足的问题。对于中部的城镇化水平发展的重点是处理好城镇化发展过程中土地占用与耕地保护的矛盾问题，加大城镇中就业岗位的供给，不断转移农村剩余劳动力，为农民工提供就业岗位，加大城市公共服务建设，加大基础设施建设力度，完善保障性住房与医疗保险，不断改善生活、工作的环境。对于发展比较落后的西部地区，面临着城镇化发展跟生态环境保护的问题，通过农村人口不断向城镇集聚，提高居民的生活质量，同时保护生态环境。综上所述，不同区域的空间特征对应不同的城镇化发展，因此，不同地区要采取不同的政策，需要因地制宜，寻求适合该区域发展的道路。

三是城镇体系结构与空间布局的不合理。就空间布局而言，东部地区的特大城市及大城市相对较多，小城镇也很密集；中部地区城市分布比较均匀，但中小城镇数量相对较多；西部地区城镇的空间布局很不合理，人口大都在大中城市发展，人口与产业集聚没有协调发展。就城市的数量而言，东部地区的城镇数量相对较多，中部地区的城镇数量相对较少，西部地区的城镇数量则比较稀少。通过对比发达国家的经验可以看出，发达国家的城市人口与该城市GDP占比比较一致，但是在中国的城镇化进程中，人口与产业集聚没有均衡发展，一些城市在产业集聚的过程中，人口没有集聚。对于中国这个相对比较大的国家而言，大城市的数量相对较少,且人口的集聚程度较低,中小城镇的经济发展较弱,承载人口的能力较低,同时缺乏自身发展的动力,对外资也缺少吸引力,产业集聚不足会导致就业机会的不足,对人口的吸引力就小。

四是城乡发展不均衡。中国区域的发展不平衡受到历史、社会、自然及政策等多方面影响。城镇化的发展要以人为本,不仅要考虑城镇的发展也要考虑农村的发展,农村不发展,城镇也就无发展可谈。农村更应该是城镇化发展过程的受益者,但就目前而言,中国城乡存在的二元经济结构及城镇与农村分别治理的管理体制,都阻碍着城乡的均衡发展。若是城镇化的发展成果没法让农民受益,则城乡居民收入的差异将会进一步扩大,城乡发展会更加不均衡。二元经济结构的存在,会进一步导致农村发展的落后,城乡居民收入差异及城乡居民享受到的公共服务差距将会继续增大。随着城镇化发展水平的加快,年轻的劳动力都流向城镇工作和生活,农村居民数量不断减少,从事农业生产农民的文化水平相对较低,劳动能力也相对较差。农村大量破旧的房子空闲,不断出现"空心村"的现象,农业生产不断衰退、耕地大量流失、环境不断被污染、基础设施及公共服务跟不上需求等一系列问题都阻碍了农村的发展与农民生活水平的提升。

(4) 城镇化发展与可持续发展观念相偏离

就目前及未来的一段时间来看,随着中国城镇化水平的提升,更多的农民将会进入城镇发展,随之而来的问题就是自然资源的短缺。自然资源短缺将会阻碍城镇的发展,生态破坏、环境污染等问题都会阻碍居民生活水平的提高,粗放的城镇化发展模式将难以继续。

粗放的城镇化发展模式,资源与能源消耗过大。长期以来,中国走的是"高投入、高消耗及高排放"的粗放型增长路线,造成了大量资源的浪费,大量废弃物排放到空气中,使得城市特别是大城市的生态及居住环境恶化,城市的"宜居"程度下降。这主要体现在:土地资源的利用受到其瓶颈制约,自然资源日益短缺;资源没有合理的使用或技术水平相对落后影响资源利用效率及浪费的问题。大量的优质公共资源都集中在特大城市与较大城市,它们拥有更好的发展机会与平台,不断吸引人口集聚,这就会产生人口拥挤、交通拥堵、生态环境恶化、环境污染加重、资源紧张、住房紧缺等问题,大城市将无法承担这些负重,城市发展的生态环境质量需要改善。中国目前资源相对短缺及利用效率较低的情形,制约着中国城镇化更好的发展。根据2007年世界银行统计数据,全球污染程度排名前 20 的城市中，有 16 个在中国。虽然中国的资源与能源极度缺乏，但在城镇化发展建设过程中，土地、能源等的浪费现象仍然存在且比较严重。2014 年，中国的单位 GDP 能耗为 0.66 吨标准煤/万元①。2015 年，中国经济总量已经占到全球经济总量的将近 14%，但是却消耗了全球 20% 以上的资源，且未来城市的能源消耗将继续增加。据国际能源署预测，到 2030 年城市能耗占总能耗的比值将会高达 83%。城镇化的快速推进与我国资源对环境承载力两者之间的矛盾越来越明显，在这些问题中，城镇化的发展与水资源的不协调更加明显。以北京为例，2014 年，北京人均水资源占有量不足 200 立方米，而全国人均水资源占有量是 2100 立方米，北京不足全国平均水平的 1/10，而世界人均水资源占有量为 7700 立方米。目前，中国有 60% 以上的城市供水不足，其中 15% 以上的城市严重缺水。一些地方利用调水工程解决城市的缺水问题，这看似解决了城市缺水的问题，但是，这样的工程将会消耗巨额的资本，这种方式也不是理想的选择。

另外，随着城镇化进程的加快，对土地的规划不当，征地成本较低造成了"摊大饼"及土地效率较低等一系列的问题。中国的城镇化在建设过程长期过度扩张，不断扩大城镇建设的规模，对新城区进行持续延伸，拉大城市建设框架，城市建成区及建设用地的发展规模急速扩张，其增速远远高于城市人口的增速。部分城镇进行了过度扩张，人均建设用地相对国家标准要高，出现了土地浪费的现象。还有一些城镇新建区占地面积比较大，这种低密度、分散化的扩张方式使得城镇用地规模迅速扩大，土地城镇化明显快于人口城镇化，并出现了单位面积产出效益比较低下的状况。根据表 2.4，1990—2014 年，城市建设用地面积飞速扩张，增长了 330.5%，而城镇人口却只增长了 107.4%。根据国际公认标准，城镇用地增长弹性系数用来衡量土地与人口城镇化之间的关系，该值为 1.0～1.2 是合理的，但中国这段时间的城市建设用地的增长弹性系数达到 3.08，这表明土地城镇化增长的速度远远超过人口城镇化的增长速度。2014 年与 1990 年相比，城市建设用地面积增长了 330.5%，城市人口密度增长了 1470.7%。城镇人口与城镇土地面积不协调（即城市人口密度过高），也是制约城镇化发展的一个因素。根据国务院发展研究中心的调研报告，一些地区的土地出让收入占政府预算收入的比例高达 60%，

---

① 指"人民币"，全书同。

这也就导致了城市的基础设施建设会过多依赖于土地,地方政府可能就只是考虑土地城镇化产生的经济利益,忽视了产业发展对于城镇化的支撑作用,城镇化的加速发展导致"城中村"现象的蔓延与发展。虽然"城中村"被划入城市区域,但是,"城中村"相比其他城市区域的发展,其产业、就业、居住、教育、社会保障等仍不完善,这样也就没有真正实现城镇化。

表 2.4　1990—2014 年中国城镇人口与面积情况

年份	城镇人口（亿人）	城镇人口占比	城区面积（万平方公里）	建成区面积（万平方公里）	城市建设用地面积（万平方公里）	城镇人口密度（人/平方公里）
1990	3.02	26.41%	116.60	1.286	1.161	259
1995	3.52	29.04%	117.17	1.926	2.206	300
2000	4.59	36.22%	87.80	2.244	2.211	523
2007	6.06	45.89%	17.61	3.547	3.635	3441
2010	6.70	49.95%	17.87	4.006	3.976	3749
2014	7.49	54.77%	18.41	4.977	4.998	4068

数据来源:国家统计局。2006 年以前"城区面积"为"城市面积"。

2.2　城镇化的转换:新型城镇化

2.2.1　城镇化发展的战略选择:新型城镇化

改革开放以来,中国走的是传统的城镇化发展道路,主要是以规模扩张为主,将经济的不断增长作为追求的目标,坚持地方政府主导,将工业化发展作为主要的线路,这种城镇化是高成本及低效益的,这样就会出现结构失衡等问题。就目前中国的状况而言,经济环境变化较大,资源与环境约束趋紧,传统的城镇化发展模式比较困难,不断加快中国的城镇化转型,提高城镇化发展质量是目前急需解决的问题。

党的十八大报告中第一次提出了新型城镇化,这也表明国家层面已经开始高度关注城镇化的发展。2012 年中央经济工作会议提出,2013 年中国经济工作的主要任务中就是"积极稳妥推进城镇化，着力提高城镇化质量"。李克强总理指出，扩大内需，推进以人为核心的新型城镇化。城镇化是实现现代化道路的必经之路，破除城乡二元结构需要城镇化发展作为重要依托。逐步健全城乡发展一体化，走一条以人为本、四化同步、优化布局、生态文明、传承文化的新型城镇化发展道路。李克强总理指出了今后一个时期的主要工作就是解决好现存的"三个1亿人"的问题：第一个是约1亿农业人口的转移及落户城镇问题；第二个是约1亿人目前居住的城镇棚户区及"城中村"的改造问题；第三个是引导约1亿人在中国中西部地区实现近城镇化的问题。《国家新型城镇化规划（2014—2020年）》以中国走新型城镇化道路、全面提升城镇化发展质量作为新要求，明确了未来中国城镇化的发展路径、主要目标及战略任务。因此，新型城镇化已经成为中国城镇化发展的转型方向，也是推动中国经济社会转型的重大抉择。与传统城镇化相比较，新型城镇化具有更加丰富的内涵。

2.2.2　新型城镇化的内涵

（1）新型城镇化是以人为本的城镇化

新型城镇化的核心是"人"，是人的城镇化。城镇化的建设及发展都要以人的需求作为出发点，不断实现人的全面发展，城镇化的发展最终归为人本身的发展，将人们的发展机遇及幸福作为城镇化发展的核心。新型城镇化不仅强调了城镇的包容性，还强调了发展的平等性，不断建设适合人们生活及工作的环境，满足人们的需求及享受城市生活的福利，实现让人们生活更美好的目标；新型城镇化高度关注流动人口，关注其市民化及与社会融合的过程，通过体制机制的创新，不断突破已有的户籍、土地政策及社会保障制度的约束，破除二元结构的制约，让更多的农村居民在城镇化进程中得到实惠，全面改善与提高农民工的生活质量水平；新型城镇化始终坚持以人的不断发展作为出发点，为人们创造出更加平等与广阔的发展空间，更加重视提升人自身的发展水平，激发人们发展的创造性和积极性，不断推动城镇的繁荣发展及社会的和谐进步。

（2）新型城镇化是可持续发展的城镇化

新型城镇化的发展理念是全面统筹、可持续发展，是经济、社会、人口及资源环境全面协调可持续的发展。新型城镇化的发展要在确保土地资源能够高效利用的前提下，控制城市空间的无限扩展及蔓延。在城镇化建设中要全面考虑生态环境的承受能力，尽可能减少城镇化进程对生态环境的破坏与污染，城镇化建设要走绿色、低碳和可持续发展的道路，争取做到垃圾减量化、无害化及可循环化利用化。为了实现城市的可持续发展，可以通过制定更科学、更适合中国发展的城市建设规划路线，不断优化城市功能，提高城市的承载水平，促进城镇化发展的速度、强度、规模与生态环境的承载能力相适应；新型城镇化的建设需要改变原来粗放型的投资模式，加大对公共基础设施的投资，特别是城市的交通、道路、住房、学校、医院等方面的投资，提升在教育、医疗、卫生、社会保障等方面的供给，不断打破城乡二元结构，保障居民福利的获取；新型城镇化也需要关注环境方面的投入，增加城市在节能减排、生态环境保护及环境修复等方面的投入，提高资源的利用率，推进城镇化可持续发展。

（3）新型城镇化是产城互动的城镇化

城镇化发展需要产业作为支撑，产业发展能够为居民带来更多的就业机会，能够有效拉动城镇居民的消费需求，通过城镇化发展，形成产城互动的可持续性发展。产业发展能够为新型城镇化发展奠定基础，同时，新型城镇化发展又是产业结构优化的有利载体。新型城镇化发展需要立足城市发展的资源要素禀赋，形成合理的产业发展布局，不断促进传统产业的提升，对产业结构进行优化，提升产业竞争力。新型城镇化发展更关心第三产业的发展水平，为第三产业发展不断提供新的契机。新型城镇化发展需要充分利用政府的引导作用，为产业发展提供更好的法律及政策环境条件。

（4）新型城镇化是城乡一体化发展的城镇化

城镇发展与农村发展是相互统一的，但就目前中国城乡发展而言，城乡二元结构的存在制约着城乡一体化发展。新型城镇化则是通过健全中国的体制机制，形成城乡一体化发展局面，让农民工与农民都能够真正享受到城镇化发展的成果。新型城镇化发展是城乡一体化发展，不仅仅是城市的发展，新型城镇化更关注三农问题及农民工问题，进一步探索城镇发展支持、农村发展联动机制及寻求农民工城镇化的有效方法，形成城乡一体化发展的格局。新型城镇化也更加注重公共服务的均等化，力争建立城乡在医疗、教育、卫生、社会保障、住房、养老及就业等公共服务体系方面的统一，保障进城工作农民工的就业与提升农民工的收入水平，让农民工在城镇化建设进程中实现市民化。在城乡一体化发展过程中促进农村的发展，提升农民收入，让农民富裕起来，更好地促进城乡经济与社会的和谐发展。

（5）新型城镇化是以市场为主导、政府为引导作用的城镇化

随着中国社会主义市场经济体制的不断完善，市场的调节作用越发突出，资源要素的价格在城镇化建设中更能够反映成本与效率，市场调节机制发挥了主导作用。城市经济发展向着集约型的方向迈进，市场调节要发挥其主导作用，政府引导市场发展将会成为新型城镇化发展的趋势。新型城镇化建设重视了资源要素的有效利用，市场将成为资源配置的决定性力量，市场调节机制要处理好城镇化建设中资金的来源及去向问题。新型城镇化建设中政府的主导作用将转变为引导作用，政府需要发挥好其"看得见的手"的作用，防止政府职位失灵现象的出现，增强政府在公共管理及公共服务方面的主导能力，为新型城镇化发展提供更好的运行环境。

（6）新型城镇化是城市协调共同发展的城镇化

新型城镇化建设发展过程中需要遵循因地制宜原则，需要依据不同区域或城市的生态环境承载及发展能力，加强生态环境的发展与区域经济及产业布局的结合，发挥大城市的中心辐射作用，加快培养中等骨干城市，发挥小城市及小城镇的基础作用，走一条大中小城市及小城镇协调发展的新型城镇化道路。新型城镇化在区域优势互补的基础上，发挥大城市在资源集约利用及规模优势方面的积极作用，加快对中国东部较发达地区的产业结构优化，提升中国在国际的影响力，加大内陆地区城市的开放水平与力度，激活中国市场规模效应及扩散效应。对重点城市的功能进行完善，进一步提升中国中小城市的城镇化发展水平，对小城镇有重点地进行发展，最终形成中国大中小城市及小城镇协调发展的城镇网络体系，实现各城市间的联动及互补发展。

2.3　新型城镇化指标变量的选取与衡量

2.3.1　评价指标的构建原则

（1）科学性原则

新型城镇化指标体系的建立要遵循科学性的原则，通过采取科学的方法，选取可以通过调查、测度或统计等方法得到明确结果的定量或定性指标。通过这些

指标的选取,不仅可以科学反映新型城镇化的内涵,而且可以客观反映该指标体系应有的含义。为了更全面地对新型城镇化发展水平进行衡量,在指标选取时应该坚持突出重点、全面兼顾,避免做出过大、过小或不全面的评价体系,对指标进行更加科学的选取,建立更加准确、客观的指标体系。

(2) 系统性原则

新型城镇化涉及经济、社会、人口和环境等多个系统层面的发展,是一个多层次、多维度的复杂系统,因此,新型城镇化指标体系的建立需要坚持整体观念及系统思维,通过多个子系统组成一个大的系统,共同衡量新型城镇化发展水平。构成大系统的每个子系统又要具有其自身比较鲜明的特点,每个子系统又会相互影响、相互联系,一起构成一个整体,而每个指标的选取也要力求全面、系统、客观、准确,这样才能对目标体系进行全面衡量。

(3) 前瞻性原则

新型城镇化指标体系的评价方法跟通过实验及数据得到精确答案与理论的自然科学不同,新型城镇化指标体系的建立是通过指标、权重等不断掌握经济发展规律,在实践中指导应用。所以,新型城镇化指标体系的建立需要遵循前瞻性的原则,兼顾指标选取的评价、预警及调控的功能,基于新型城镇化发展的核心内涵,对每个指标赋予一定的权重进行测度,综合、全面地对中国新型城镇化发展水平进行评价,准确把握中国城镇化发展遵循的规律和发展趋势,发现问题并解决问题,促进新型城镇化水平的高效发展。

(4) 易操作性原则

在新型城镇化指标体系的建立过程中,特别是当样本数量比较多的时候,数据是否可获得及指标数据是否容易操作就变得特别的重要。在理论上面对指标体系追求完美,但是由于指标体系的复杂性,对于特别精确的指标体系经常会因为数据收集的成本过高或是数据的不可获得而变得难以操作,结果就会缺乏现实意义。因此,在新型城镇化指标体系的建立过程中,基于新型城镇化发展的核心内涵,基于当前可获得的统计指标,同时尽可能选取人均指标、结果指标,尽可能消除由于省份之间地理位置、资源优势、发展优势等不同外生因素造成的影响。

2.3.2 评价指标的建立与衡量

（1）评价指标的建立

城镇化率一般通过人口城镇化率来衡量，即常住人口与总人口的比值。但由于常住人口包含在城市打工的农民工，他们并非真正意义上的城市居民，所以说，这种方法衡量的城镇化是一种不完全的城市化。因此，需要建立新型城镇化评价指标。关于新型城镇化评价指标的选取问题，要依据评价指标选取的科学性、系统性、前瞻性和易操作性等原则，依据《国家新型城镇化规划（2014—2020年）》，并进一步参考了牛文元在2013年出版的《中国新型城市化报告》对新型城镇化评价指标的设置；蓝庆新等也对新型城镇化评价指标进行了设置，并且进行了相关的研究，赵永平等对于一些评价指标进行了筛选，并构建了城镇化发展的综合指标体系。在借鉴他们研究的基础上，通过对评价指标进行筛选，构建了表2.5所示的中国新型城镇化综合评价指标体系。这个体系又分为4个层次：第一个层次是总的系统层次，即中国新型城镇化发展水平；第二个层次为系统层次，该层次又分为4个子层次，包括新型城镇化发展的经济基础、人口发展、社会功能与环境质量；第三个层次为目标层次，该层次又可以分为8个具体的层面，即经济高效、结构优化、水平提升、充分就业、城乡协调、功能完善、生态宜居、环境友好；第四个层次是指标层，包括具体的26个变量。

表 2.5　新型城镇化综合评价指标体系

系统层次	目标层次	指标层次	指标说明或单位
新型城镇化发展水平	经济基础	人均 GDP	万元
		人均 GDP 增长率	
		城乡可支配收入	万元
		财政收入	百万元
		第二产业占比	
	结构优化	第三产业占比	
		万元 GDP 能源消耗总量	吨标准煤/万元 GDP

续表

系统层次	目标层次	指标层次	指标说明或单位
新型城镇化发展水平	人口发展	城镇人口比例	城市常住人口/总人口
		城镇人口密度	百人/平方公里
	水平提升	每10万人口平均在校生数（高等院校）	高等院校学生人数/10万人
		每万人医生数	医生数/万人
		文教娱乐支出	元/人
		教育经费合计	百万元
	充分就业	从业人员数：第二产业占比	
		从业人员数：第三产业占比	
		城镇失业率	
	社会功能	城乡协调	城乡消费比
		城市人均城市道路面积	平方公里
	功能完善	城市每万户移动电话数	部/万户
		参加城镇基本养老保险人数	人
	环境质量	生态宜居	城市人均公园绿地面积	平方公里
		自然保护区占辖区面积	
		城市园林绿地面积	平方公里
	环境友好	废水排放量	万吨
		SO_2排放量	万吨
		固体废物排放量	万吨

(2) 新型城镇化测度方法与结果分析

基于新型城镇化的内涵，通过选取经济、人口、社会及环境4个方面共26个变量，利用熵权法构建了新型城镇化的评价指标体系，系统地衡量新型城镇化的发展水平。在数据的选取上，基于2004—2014年中国30个省份的数据对新型城镇化评价指标赋值，所用数据来自《中国统计年鉴》《中国城市统计年鉴》《中国环境统计年鉴》《中国能源统计年鉴》《中国劳动统计年鉴》《中国人口和就业统计年鉴》及Wind数据库等。为了增加数据的准确性与可比性，对名义数据进行了平减处理。具体方法步骤如下。

利用式（2.1）对所选的 26 个变量数据进行无量纲化处理，其中，X_{ij} 代表第 i 个省份第 j 个变量的值。

$$V'_{ij} = \frac{X_{ij} - \min(X_{ij})}{\max(X_{ij}) - \min(X_{ij})}, \quad (2.1)$$

其中，$i=1,2,\cdots,n$；$j=1,2,\cdots,n$。然后利用 $V'_{ij}=1+V''_{ij}$ 进行坐标平移，得到第 i 省第 j 个指标的比值：

$$V_{ij} = \frac{V'_{ij}}{\sum_{i=1}^{m} V'_{ij}}。 \quad (2.2)$$

进一步确定熵值 E 与差异系数 F：

$$E_j = -\frac{1}{\ln m}\sum_{i=1}^{m}\ln(V_{ij}), \quad (2.3)$$

$$F_j = 1 - E_j。 \quad (2.4)$$

第 j 个指标在综合评价指标中的比值则为：

$$U_j = \frac{F_j}{\sum_{i=1}^{n} F_j}。 \quad (2.5)$$

利用以上公式得到新型城镇化综合评价指数：

$$W_j = \sum_{i=1}^{n} U_j V_{ij}。 \quad (2.6)$$

总体来看，东部区域的新型城镇化发展水平最高，中部区域的新型城镇化发展水平次之，而西部区域最低，出现这种现象的原因主要在于东中西部区域在资源禀赋、经济及政策环境等方面的不同。中国区域经济发展并不均衡，东部区域相对其他区域，地理位置更加优越，经济基础也更好，城市基础设施更加健全。投资、教育、贸易、医疗、财政和政策环境等向东部区域进行倾斜，结果就是东部区域在经济发展、人口就业、社会稳定和生态环境等方面都比其他区域发展得更好。新型城镇化发展水平也反映了中国目前经济社会发展的现状。

表 2.6 给出了各省域新型城镇化评价指标的平均值及排名，为了方便比较，将指标值放大了 10 倍。可以看出，新型城镇化评价指标值与中国经济发展水平间存在很大关系，排名前 5 位的省份依次是广东、江苏、上海、北京与浙江。

表 2.6　2004—2014 年中国新型城镇化评价指标与排名

北京 0.357（4）	吉林 0.324（21）	福建 0.333（12）	广东 0.384（1）	云南 0.318（24）
天津 0.343（7）	黑龙江 0.331（15）	江西 0.331（14）	广西 0.314（28）	陕西 0.332（13）
河北 0.334（10）	上海 0.367（3）	山东 0.351（6）	海南 0.310（29）	甘肃 0.314（26）
山西 0.327（18）	江苏 0.373（2）	河南 0.337（9）	重庆 0.324（20）	青海 0.316（25）
内蒙古 0.323（23）	浙江 0.352（5）	湖北 0.328（17）	四川 0.334（11）	宁夏 0.309（30）
辽宁 0.343（8）	安徽 0.327（19）	湖南 0.328（16）	贵州 0.314（27）	新疆 0.324（22）

2.4　本章小结

　　本章主要介绍城镇化发展与新型城镇化评价指标的建立与衡量。首先，通过世界与中国两个维度，研究了城镇化的发展历程，指出中国没有真正实现城镇化；其次，通过城镇化发展与以人为本发展观、全面发展理念、协调发展观念、可持续性发展观念的偏离，对中国城镇化发展进程中的困境进行深入挖掘和思考，明确和深化认识城镇化发展的现状与需要突破的主要瓶颈，即城镇化需要转型发展，新型城镇化发展是传统城镇化转型发展的必然选择；最后，对新型城镇化评价指标体系进行构建与测度，即基于新型城镇化发展的内涵，通过评价指标构建原则，从经济、人口、社会与环境 4 个维度构建衡量新型城镇化发展水平的评价指标体系，并利用熵值法客观衡量其发展水平。

　　新型城镇化已经成为中国城镇化发展的转型方向，也是推动中国经济社会转型的重大抉择。新型城镇化具有更深刻的内涵，符合经济的发展要求，新型城镇化评价指标的确立，也为后续实证研究提供了保障。

第三章　空间计量模型

　　Paelinck（1967）、Paelinck 和 Nijkamp（1975）、Hordijk（1979）等学者早期进行了相关的研究，这些研究都为后来 Paelinck 和 Klaassen（1979）"空间计量经济学"的概念与一系列方法的提出奠定了基础，对空间计量经济学中研究的对象、内容及一些基本模型进行了详细阐述。Anselin（1988a，1992）、Haining（1990）及 Cressie（1991）等学者在上述研究的基础上对一些基本模型进行了扩展。Anselin（1992）、Anselin（1996）与 LeSage（1999）等学者对上述基本模型给出了通过软件实现估计的方法，极大地推动了空间计量经济学的实际应用，特别对于区域经济学的发展发挥了极大的推动作用。随着空间计量经济学的快速发展，新经济地理学派关注于空间问题的解释（如 Krugman，1998），进一步促进了空间计量的快速发展。Anselin（2001）的研究指出了目前空间计量经济学在理论与应用方面存在的问题，并为今后的发展指明了方向。Florax 等（2002）、Anselin 等（2004）、Arbia（2006）、LeSage 和 Pace（2009）等都对上述存在问题进一步进行了拓展与延伸，空间计量经济学在应用上得到了更多的关注。

　　本章在以往学者研究的基础上对空间计量经济学进行了总结，并且以 Sarafidis（2011）的研究工作为基础，给出了动态短面板空间误差模型的 SGMM 估计步骤，并设计相应的蒙特卡洛实验来考察在不同情形下 QMLE 与 SGMM 的有限样本表现的优劣。

3.1 空间效应

3.1.1 空间数据

空间数据（spatial data）又称为空间或地理参照数据，包括了空间对象的点、线、面（区域），其中，比较常见的就是空间属性数据，具体可以表示为：$\{z_j(s_i, t): j = 1, 2, \cdots, k; i = 1, 2, \cdots, n; t = 1, 2, \cdots, T\} = \{z_j(s_i, t)\}_{j,i,t}$，其中，$z_j$ 代表第 j 个属性特征，S_i 代表第 i 个空间单元，t 代表时间。空间数据与其他数据的不同在于，S_i 储存了空间的信息，当然，空间信息也有很多种，如相邻关系、地理距离等。

时间数据本质上是多元的时空序列。当时间固定的时候，可以把一个空间数据矩阵或截面空间数据表示为 $\{z_j(s_i)\}_{j,i}$；若空间单元式是固定的，则其就是一个多元的时间序列；若属性信息也是固定的，则其就是一元的时空序列。空间数据的划分经常是人为的，因此可能导致地理现象的空间模式的转变，这被称为可变元问题，此时，统计值的大小会受到空间分区的影响。关于可变元会产生两个方面的效应，即尺度效应与分区效应。尺度效应是指空间数据产生会改变单元面积大小、形状或方向时，结果会发生显著的变化；分区效应是指在尺度给定的情形下，不同的单元组合方式会导致结果的改变。

Cliff 与 Ord（1981）提出可将空间自相关与可变元问题联系起来，空间尺度的选取对空间自相关的强度影响很大。空间尺度的选取很重要，选取的时候要考虑到模型的拟合优度、t 值、先验信息等一系列的准则，这可能对最后的研究结果会有影响。可变元问题的避免主要可以通过将数据进一步分解为更小的单元、检测尺度的敏感性、考虑参数的非平稳性，缓解可变元问题对结论造成的影响。

3.1.2 空间权重矩阵

在研究空间计量理论模型的时候，需要具体的空间权重矩阵（spatial weighting matrix）的设定形式，通过在模型中引入空间权重矩阵，进一步研究外部周围的或其他区域的空间因素对内部或本区域的影响机制及方式。空间权重矩阵是空间统计、空间计量经济学中的一个重要概念，空间自相关的检验等都需要使用空间权重矩阵。可以说，空间权重矩阵是空间计量经济学的核心。关于空间相关矩阵，不同的研究者对其设定的形式也不一样。早期关于空间权重矩阵的设定都比较简单。在早期的文献中，经济学家主要根据研究对象的地理位置及空间的分布去定义空间权重矩阵的具体形式，进一步研究区域经济问题，比较简单地通过设定空间权重矩阵中每个元素的值为 0 与 1，具体为：在研究的 N 个不同区域中，空间权重矩阵 W 是其主对角线上元素为 0 的一个对称矩阵。对于非对角线上的元素，根据这两个区域是否在地理位置上是相邻的进行定义，若这两个区域在地理位置上是相邻的，则定义这两个区域对应的元素为 1；若不相邻，则定义该元素值为 0，同时设定两个区域是不相邻的，即主对角上的元素值为 0。

空间权重矩阵一般都假定观测的样本在栅格或区域的空间单元上进行表述。将 n 个空间单元两两结合，构成一个 $n \times n$ 的矩阵，即将来自 n 个区域的数据记为 $\{x_i\}_{i=1}^{n}$，其中，i 代表 i 区域；将区域 i 与区域 j 之间的距离记作 w_{ij}，具体空间权重矩阵的表达如下：

$$W = \begin{bmatrix} w_{11} & \cdots & w_{1n} \\ \vdots & & \vdots \\ w_{n1} & \cdots & w_{nn} \end{bmatrix}。 \tag{3.1}$$

对于空间权重矩阵，一般需要满足非负性与正则性。非负性要求每一个元素都是非负的，正则性则要求矩阵中元素绝对值的行及列求和都是有界的，即对 $\forall j \in N^+$ 且 $j \leqslant n$，$\exists M_1 > 0$，使得 $\sum_{i=1}^{n} |w_{ij}| < M_1 < \infty$，对 $\forall i \in N^+$ 且 $i \leqslant n$，$\exists M_2 > 0$，使得 $\sum_{i=1}^{n} |w_{ij}| < M_2 < \infty$。

对于相邻矩阵，也就是最常用的距离矩阵，即 $w_{11} = \cdots = w_{nn} = 0$，若区域相邻则 $w_{ij} = 1$，否则为 0。相邻关系又可以分为以下 3 种不同的形式。

①车相邻（rook contiguity）：两个相邻区域有共同的边。

②象相邻（bishop contiguity）：两个相邻区域有共同的点，但是没有共同的边。

③后相邻（queen contiguity）：两个相邻区域有共同的点或共同的边。

在实践中，通常设置一个最小距离来区分边与点，在此距离以下设置为点，此距离以上设置为边，在具体的问题中，关于车相邻、象相邻或后相邻的选取需要具体问题具体分析。

假定有 4 个区域，其空间权重矩阵的设定如下：

$$W = \begin{pmatrix} 0 & 1 & 1 & 1 \\ 1 & 0 & 1 & 0 \\ 1 & 1 & 0 & 1 \\ 1 & 0 & 1 & 0 \end{pmatrix}。$$

W 中的第一行代表区域 1 与区域 2、区域 3、区域 4 相邻，第二行代表区域 2 与区域 1、区域 3 相邻，但与区域 4 不相邻；同样，区域 3 与其他区域都相邻，区域 4 与区域 1、区域 3 相邻但与区域 2 不相邻。若空间权重矩阵考虑的是二阶相邻，可以用邻居的邻居是否相邻来定义。在实践中，通常对权重矩阵进行行标准化的处理，即利用矩阵中的每个元素与所在行所有元素的比值衡量，具体为：$w_{ij} = \dfrac{w_{ij}}{\sum_j w_{ij}}$。如果该区域是一个孤岛，该区域就与其他区域不相邻，则分母就为 0，这个时候可以将分母改为 $\max(1, \sum_j w_{ij})$。Ord（1975）提出的标准化方式为：$w_{\text{norm}} = D^{-\frac{1}{2}} w D^{-\frac{1}{2}}$，其中，$D = \text{diag}\left(\sum_{j=1}^n w_{1j}, \sum_{j=1}^n w_{2j}, \cdots, \sum_{j=1}^n w_{nj}\right)$。这种标准化的好处在于，标准化后的空间权重矩阵与行标准化后的矩阵的特征值是相同的。Kelejian 与 Prucha（2010）提出的利用最大特征值进行标准化的方式，利用空间权重矩阵与最大特征值的比值表示，具体为：$w_{\text{norm}} = v_{\max} w$，其中，$v_{\max}$ 代表 W 的最大特征值。这个方式使标准化后的空间权重矩阵的最大特征值为 1，且保留了原来矩阵的相对空间关系及经济上的含义。

利用行标准化进行分析，将上述空间权重矩阵进行行标准化可得：

$$W = \begin{pmatrix} 0 & 1/3 & 1/3 & 1/3 \\ 1/2 & 0 & 1/2 & 0 \\ 1/3 & 1/3 & 0 & 1/3 \\ 1/2 & 0 & 1/2 & 0 \end{pmatrix}。$$

行标准化的好处在于，将行标准化后的矩阵乘以 X 就得到每一个区域邻居的平均值。行标准化也存在不足，即行标准化后的矩阵不是对称的矩阵，每个区域所受到邻居的影响等于另外一个区域所受其邻居的影响。这一个假定比较强，在实际问题中可能不能满足。

虽然利用相邻关系的空间权重矩阵来表示空间位置关系的影响因素机制相对

比较简单，但是在处理实际的经济问题中，这种设定是存在的。它代表的直观含义就是当两个区域在地理位置上是相互接壤时，它们之间就会存在相互影响的关系；但若两个区域是不接壤的，它们之间的关系由于被地理位置关系阻隔，相互影响作用就变得比较弱。

随着空间计量理论的不断发展，学者们基于原来通过地理及空间分布不同的特征对定义空间权重矩阵的方式进行扩展，空间权重矩阵的设定有基于几何的，有基于理论的，也有基于数据的，学者们通过不同的方式定义空间权重矩阵。Pinkse 与 Slade（1998）通过选取在地理位置上与其研究对象所在区域距离最近的 k 个邻居来构成对这个因变量外部的空间影响因素，进而去定义空间权重矩阵。Anselin（1988）则通过地理分布，以研究对象所在区域点为中心，以某特定（给定）的距离为半径画一个圆，若是其他区域包含在所画的圆形区域内，则其他区域就与该圆形区域的中心区域有着相互影响的关系；否则认为其影响关系比较弱，或者没有影响关系。上述学者关于空间权重矩阵的定义主要基于一种现实的经济现象：在空间地理位置上距离相隔相对较近区域的关系相对其他相隔较远区域的关系更加密切，也就是说，相隔较近区域的影响程度更大一些；相反，若是地理距离的分布比较远，地理上就存在阻隔现象，区域间的影响相对就不那么显著。由于所有事物之间都存在着联系，距离较近事物的联系比距离较远事物的联系要大（地理学第一定理）。基于空间距离的倒数，或者空间距离倒数的整数次幂的形式定义空间权重矩阵的方法也是比较常用的。此种空间权重矩阵的定义为：$w_{ij} = \dfrac{1}{d_{ij}^n}$，其中，$d_{ij}$ 表示两个区域空间距离的大小。

目前，通过简单的空间地理分布去定义空间权重矩阵的比较多，在具体的分析中比较直观，结论也更加容易解释。虽然在分析问题中很直观，但是现实情况可能要更加复杂一些。例如，在贸易问题的研究中，虽然两个区域相距比较远，但是可能由于这两个区域之间存在贸易或需要进行合作等原因，交流比其他区域相对更加频繁，这样就会出现即使两者没有在地理位置上相邻，但它们仍然存在紧密的联系；同样也存在这样的情况，即使它们之间是相邻的，但是它们之间的相互交流很少，影响也比较小。通过前文对空间权重矩阵的定义可以看出，一个区域跟其他几个区域相邻，它们的权重矩阵是一样的，一样的权重矩阵代表这个区域会平等对待这几个相邻的区域，但实际上，这些区域的影响可能并不相同，

有的大，有的小。林光平等（2005）基于地理相邻的矩阵研究了中国 28 个省份的实际 GDP 的收敛情况，发现相邻区域的关系并不相同；林光平又引入了区域间人均 GDP 的差额作为衡量区域间距离的指标，设置主对角线上的元素都为 0，非对角线上的元素为 $E_{ij} = \dfrac{1}{|\bar{Y}_i - \bar{Y}_j|}(i \neq j)$，其中，$Y_i$ 代表在第 i 个区域的人均实际 GDP 的均值。通过比较发现，利用经济距离定义空间权重矩阵能更好地衡量中国的经济发展状况，所以在具体的问题中，可能需要根据实际情况定义空间权重矩阵值的大小。

3.1.3 空间相关性检验

在确定是否选用空间模型的时候，首先要考察是否存在空间依赖性。若是存在空间依赖性则利用空间计量模型进行估计，若不存在空间依赖性则利用标准的计量模型进行估计。空间数据就是一种随机过程，只是其分布在空间维度，因此，空间模型的自相关比时间序列更加复杂。空间数据可能在多个维度上相关，且每个因素都可能相互影响，而时间序列只是在一个维度上相关。

空间自相关（spatial autocorrelation）可以理解为相近区域变量的取值也是相近的。若是高值与高值聚集在一起，低值与低值聚集在一起，则称为存在空间正相关；若是高值与低值聚集在一起，则称为存在负的空间相关性，这种情况出现得比较少；若是高值与低值随机分布，则称为不存在空间相关性。

对于空间序列 $\{x_i\}_{i=1}^{n}$ 的空间相关性检验最常用的是"莫兰指数 I"（Moran's I），其具体表达式为：

$$I = \frac{n\sum_{i=1}^{n}\sum_{j=1}^{n}w_{ij}(x_i-\bar{x})(x_j-\bar{x})}{\sum_{i=1}^{n}(x_i-\bar{x})^2 \sum_{i=1}^{n}\sum_{j=1}^{n}w_{ij}}。 \qquad (3.2)$$

其中，w_{ij} 是空间权重矩阵中的元素。莫兰指数 I 衡量了空间的一种依赖关系：I 值一般为 $-1 \sim 1$，大于 0 代表存在空间正相关，小于 0 表示存在空间负相关，接近 0 代表不存在空间相关。莫兰指数 I 的值可以作为观测值与该观测值的空间滞后的相关系数，若是将观测值与滞后值画散点图，莫兰指数 I 则代表其斜率的大小。

进一步检验需要莫兰指数 I 严格的渐进分布。原假设为：$Cov(x_i, x_j) = 0$，

$\forall i \neq j$，即假定不存在空间的自相关，备择假设则认为存在空间自相关。在原假设下，莫兰指数 I 的期望值则为：

$$E(I) = \frac{-1}{n-1}, \tag{3.3}$$

莫兰指数 I 的方差记作 $Var(I)$，则莫兰指数 I 的渐进分布服从标准的正态分布：

$$I^* = \frac{I - E(I)}{\sqrt{Var(I)}} \to N(0,1)。\tag{3.4}$$

使用莫兰指数 I 要注意两个问题：一是莫兰指数 I 与空间权重矩阵设定存在紧密的联系，若设定不正确，可能结果就有偏差；二是在使用莫兰指数 I 进行检验的时候，隐含着 $\{x_i\}_{i=1}^{n}$ 的期望值是常数的假定。对于问题二，解决方法是通过回归去掉趋势，引入了协方差矩阵，对去掉趋势项的残差进行莫兰指数 I 的检验。

以上是对整个空间区域 $\{x_i\}_{i=1}^{n}$ 的空间相关性进行检验，这样的方法也称为"全局莫兰指数 I"。若是想知道某个区域附近的空间依赖性程度，就可以使用"局部莫兰指数 I"进行检验。局部莫兰指数 I 的含义与全局莫兰指数 I 的解释是一样的，I 值大于 0 代表空间上存在正的相关关系，代表低值与低值、高值与高值集聚；小于 0 表示空间负相关，即高值与低值集聚；接近 0 代表不存在空间相关，即高值与低值是随机分布的。

莫兰指数 I 是比较常用的检验空间相关性的方法，当然也存在其他的检验方法，另一个比较常用的是 Geary（1954）提出的"吉尔里指数 C"，有时候也称作"吉尔里相邻比率"，其具体表述式为：

$$C = \frac{(n-1)\sum_{i=1}^{n}\sum_{j=1}^{n} w_{ij}(x_i - \bar{x})^2}{2(\sum_{i=1}^{n}\sum_{j=1}^{n} w_{ij})\sum_{i=1}^{n}(x_i - \bar{x})^2}。\tag{3.5}$$

吉尔里指数 C 与莫兰指数 I 不同，吉尔里指数 C 的取值一般为 0~2，大于 1 代表区域间存在负相关，等于 1 说明不存在相关性，小于 1 代表存在空间正相关性，吉尔里指数 C 的变动与莫兰指数 I 的变动方向不同。在不存在空间相关性的前提下，吉尔里指数 C 的期望为 1，方差相对复杂，记作 $Var(I)$，则标准化后的吉尔里指数 C 的分布则为渐进的服从标准正态分布，具体为：

$$C^* = \frac{C-1}{\sqrt{Var(C)}} \to N(0,1)。\tag{3.6}$$

因此，可以利用 C^* 进行空间自相关的检验。当然，这两个方法都存在不足，它们共同的不足是无法区分此区域是高值与高值集聚还是低值与低值集聚。Getis 和 Ord (1992) 提出了 Getis-Ord 指数 G，解决了它们的共同不足，该指数的具体表达为：

$$G = \frac{\sum_{i=1}^{n}\sum_{j=1}^{n}w_{ij}x_{i}x_{j}}{\sum_{i=1}^{n}\sum_{j\neq i}^{n}x_{i}x_{j}}。 \tag{3.7}$$

其中，w_{ij} 是没有进行行标准化的空间权重矩阵中的元素，该矩阵是对称的，且对于相邻的空间权重矩阵，其元素不是 0 就是 1。对 $x_i > 0$，$\forall i$ 都可以看出，若是高值与高值集聚在一起，则 G 值会比较大；若是低值与低值集聚在一起，则 G 值会比较小。在没有空间自相关的原假设下，其期望值可证明为：

$$E(I) = \frac{\sum_{i=1}^{n}\sum_{j\neq i}^{n}x_{i}x_{j}}{n(n-1)}。 \tag{3.8}$$

若是 G 值比期望值大，则表示存在高值的集聚；若是 G 值比期望值小，则表示存在低值的集聚。同样可以给出标准化后的 G 值，也是渐近服从标准正态分布，即：

$$G^* = \frac{G - E(G)}{\sqrt{Var(G)}} \to N(0,1)。 \tag{3.9}$$

当 $G^* > 1.96$，则表示在 5% 显著水平上拒绝了不存在空间自相关的假定，说明存在空间相关性，且存在高值的集聚；当 $G^* < -1.96$，则表示在 5% 显著水平上拒绝了不存在空间自相关的假定，说明存在空间相关性，且存在低值的集聚。若关注的是某个区域是高值集聚还是低值集聚，可以使用局部的 Getis-Ord 指数 G 进行解决，具体为：

$$G = \frac{\sum_{j\neq i}^{n}w_{ij}x_{j}}{\sum_{j\neq i}^{n}x_{j}}。 \tag{3.10}$$

上述空间自相关的检验可以根据需要进行，这些检验都可以通过软件来实现。Matlab、R、Stata 等软件可以实现空间自相关的检验与空间面板模型的估计。但这些空间自相关的检验只是初步检验，更进一步的就需要建立空间面板模型进行检验。

3.2 空间面板模型

在传统的计量经济模型中加入空间效应的重要原因是在研究某个国家或地区的某一经济现象时，往往会发现该国家或地区的经济除了受该地区自身各种因素的影响外，还会受到周围地区经济因素的影响。例如，早期经济学家对各个国家或地区经济增长速度的研究中，国家和国家之间、地区和地区之间，由于相互贸易的技术扩散和溢出效应，以及相互之间的交流学习等因素，使得一个地区的经济增长速度同样会受到周围地区的影响；同时，一个国家和地区的经济增长速度与周围国家和地区的经济增长速度表现出一致性。另外，在处理一个国家和地区的外部影响因素的时候，我们还要根据研究问题的具体特征将这些众多的外部因素区别对待，因为这些外部因素的影响有的是显著的，有的是不显著的；同时，显著的程度也不尽相同，因此在具体考虑这些因素的时候就会差别对待。在这一章，我们将介绍空间面板模型的基本理论。

空间面板模型主要分为静态空间面板模型和动态空间面板模型两大类。与静态空间面板模型相比，动态空间面板模型更系统地考虑了"时间—空间"的综合交互作用，因此在实证研究中得到了更为广泛的应用。动态空间面板模型主要分为两类：一类是因变量的滞后项及空间交互项都出现在模型中（Yu et al 2008；Lee 和 Yu，2010；Yu et al，2012；另一类是空间交互项仅出现在扰动项中的模型（Mutl，2006；Sarafidis，2011；Su 和 Yang，2015）。

3.2.1 静态空间面板模型

（1）空间滞后模型

对于空间滞后模型（SLM）：$y_{it} = \delta \sum_{j=1}^{N} w_{ij} y_{it} + x'_{it} \beta + \mu_i + \varepsilon_{it}$，其中，$w_{ij}$ 是空间权重矩阵 W 中的元素。对于含有固定效应的空间滞后模型，Anselin（2008）等研究得出，对该模型进行扩展会带来一定的问题：一方面，$\sum_{j=1}^{N} w_{ij} y_{it}$ 的内生性违反了不含空间交互项回归模型的 $E[(\sum w_{ij} w y_{jt}) \varepsilon_{it}] = 0$ 的假定；另一方面，在估计中要考虑到模型的联系性问题，相同的时间每一个空间点的不同观测值之间的空间依赖性会影响固定效应模型的估计。

最大似然估计（ML）考虑到了内生性，假设空间特定效应是固定的，那么，空间滞后模型的对数似然估计为：

$$\log L = -\frac{NT}{2}\log(2\pi\sigma^2) + T\log|I_N - \delta w| - \frac{1}{2\sigma^2}\sum_{i=1}^{N}\sum_{t=1}^{T}\left(y_{it} - \delta\sum_{j=1}^{N}w_{ij}y_{it} - x_{it}\beta - \mu_i\right)^2。 \quad (3.11)$$

对于式（3.11）的残差项求偏导数得：

$$\frac{\partial \log L}{\partial \mu_i} = \frac{1}{\sigma^2}\sum_{i=1}^{N}\sum_{t=1}^{T}\left(y_{it} - \delta\sum_{j=1}^{N}w_{ij}y_{it} - x_{it}\beta - \mu_i\right) = 0。 \quad (3.12)$$

其中，$i = 1, 2, \cdots, N$。对式（3.12）求解得：

$$\mu_i = \frac{1}{T}\sum_{t=1}^{T}\left(y_{it} - \delta\sum_{j=1}^{N}w_{ij}y_{it} - x_{it}\beta\right) = 0。 \quad (3.13)$$

Lee 和 Yu（2010a）证明了由于同一时间的每个空间观测值之间存在横截面的依赖性，这个时候，空间固定效应与 N 及与 T 有关，需要进行修正。当模型中只包含空间固定效应的时候，Lee 和 Yu 提出了 BC 校正程序进行偏误的校正：

$$\hat{\sigma}_{BC}^2 = \frac{T}{T-1}\hat{\sigma}^2。 \quad (3.14)$$

当 T 很大的时候，对偏误的校正不会产生任何影响，从数学上来看，模型中参数的渐近方程矩阵不会随着校正的偏误发生改变。当模型中只存在时间固定效应的时候，通过式（3.14）进行校对：

$$\hat{\sigma}_{BC}^2 = \frac{N}{N-1}\hat{\sigma}^2。 \quad (3.15)$$

从式（3.15）可知，当 N 很大时，校正后的偏误不会对结果产生影响。当模型中同时存在空间固定效应与时间固定效应的时候，需要对模型进行校正。对广义嵌套空间模型（GNS），校正程序如下：

$$\begin{bmatrix} \hat{\beta} \\ \hat{\theta} \\ \hat{\delta} \\ \hat{\lambda} \\ \hat{\sigma}^2 \end{bmatrix} = \begin{bmatrix} I_K \\ I_K \\ 1 \\ 1 \\ \frac{T}{T-1} \end{bmatrix} \begin{bmatrix} \hat{\beta} \\ \hat{\theta} \\ \hat{\delta} \\ \hat{\lambda} \\ \hat{\sigma}^2 \end{bmatrix} - \frac{1}{N} \Big[-\sum (\hat{\beta}, \hat{\theta}, \hat{\delta}, \hat{\lambda}, \hat{\sigma}^2) \Big]^{-1} \begin{bmatrix} 0_K \\ 0_K \\ \frac{1}{1-\hat{\delta}} \\ \frac{1}{1-\hat{\lambda}} \\ \frac{1}{2\hat{\sigma}^2} \end{bmatrix} 。$$

(3.16)

其中，$\sum(\hat{\beta}, \hat{\theta}, \hat{\delta}, \hat{\lambda}, \hat{\sigma}^2)$ 是对数似然函数的二阶偏导数与 $-\frac{1}{NT}$ 的期望值。相应地，其他模型只需要去掉与其无关的行就可以了。去掉第2行与第4行就能得到本节模型的偏误的校正。

将式（3.13）中的值带入对数似然函数并进行整理，得到参数 β、δ 与 σ^2 的对数似然函数为：

$$\log L = -\frac{NT}{2}\log(2\pi\sigma^2) + T\log|I_N - \delta w| - \frac{1}{2\sigma^2}\sum_{i=1}^{N}\sum_{t=1}^{T} \\ (y_{it}^* - \delta\big[\sum_{j=1}^{N} w_{ij} y_{it}\big]^* - x_{it}^*\beta - \mu_i)^2 。$$

(3.17)

其中，*代表对方程进行了去均值的处理。估计的过程如下。

首先，按 $t=1, 2, \cdots, N$ 的顺序把观测值堆积成连续的横截面，以此得到 $NT\times 1$ 的向量 $\boldsymbol{Y}^*$ 与 $(I_T\otimes \boldsymbol{W})\boldsymbol{Y}^*$ 及一个去均值后的 $NT\times K$ 的矩阵 $\boldsymbol{X}^*$。

其次，$\boldsymbol{Y}^*$ 与 $(I_T\otimes \boldsymbol{W})\boldsymbol{Y}^*$ 对 $\boldsymbol{X}^*$ 进行回归后的最小二乘（OLS）估计量分别记为 b_0 与 b_1，e_0^* 与 e_1^* 则分别记为其残差，然后对对数似然函数进行最大化，得到 δ 的 ML 估计量。集中对数似然函数则可以记为：

$$\log L = C - \frac{NT}{2}\log\big[(e_0^* - \delta e_1^*)^T(e_0^* - \delta e_1^*)\big] + \\ T\log|I_N - \delta w|。$$

(3.18)

其中，C 是与 δ 无关的常数。

再次，给定 δ 的估计值，计算出 β 与 σ^2 估计值的大小：

$$\beta = b_0 - \delta b_1 = (\boldsymbol{X}^{*T}\boldsymbol{X}^*)^{-1}\boldsymbol{X}^{*T}[\boldsymbol{Y}^* - \delta(I_T\otimes \boldsymbol{W})\boldsymbol{Y}^*],$$

(3.19)

$$\sigma^2 = \frac{1}{NT}(e_0^* - \delta e_1^*)^T(e_0^* - \delta e_1^*)。 \tag{3.20}$$

最后，通过计算参数的渐进方差矩阵进行标准误差及 t 值的计算。这个矩阵是对称的，其中，tr 代表矩阵的迹。渐进方差矩阵如下：

$$\begin{aligned}&\mathbf{Asy.Var}(\beta, \delta, \sigma^2)\\ &= \begin{bmatrix} \dfrac{\mathbf{X}^{*T}\mathbf{X}^*}{\sigma^2} & & \\ \dfrac{\mathbf{X}^{*T}(I_T \otimes \mathbf{W})\mathbf{X}^*\beta}{\sigma^2} & T^*\operatorname{tr}(\widetilde{w}\widetilde{w} + \widetilde{w}^T\widetilde{w}) + \dfrac{\beta^T \mathbf{X}^{*T}(I_T \otimes \mathbf{W})\mathbf{X}^*\beta}{\sigma^2} & \\ 0 & \dfrac{T}{\sigma^2}\operatorname{tr}(\widetilde{w}) & \dfrac{NT}{2\sigma^2} \end{bmatrix}^{-1}。\end{aligned}$$
$$\tag{3.21}$$

若假定空间效应是随机的，空间滞后模型的对数似然函数则为：

$$\begin{aligned}\log L = &-\frac{NT}{2}\log(2\pi\sigma^2) + T\log|I_N - \delta w| + \frac{N}{2}\log\varphi^2 - \frac{1}{2\sigma^2}\sum_{i=1}^{N}\sum_{t=1}^{T}\\ &(y_{it}^* - \delta\Big[\sum_{j=1}^{N}w_{ij}y_{it}\Big]^* - x_{it}^*\beta)^2。\end{aligned} \tag{3.22}$$

其中，$y_{it}^* = y_{it} - (1-\varphi)\dfrac{1}{T}\sum_{t=1}^{T}y_{ij}$，$x_{it}^* = x_{it} - (1-\varphi)\dfrac{1}{T}\sum_{t=1}^{T}x_{ij}$，$\varphi$ 为数据的横截面成分的权重。

给定 β、δ 与 σ^2 的估计值，可以利用关于 φ 的集中似然函数最大化的方法估计 φ 的值，集中似然函数为：

$$\log L = -\frac{NT}{2}\log\big[e(\varphi)^T e(\varphi)\big] + \frac{N}{2}\log\varphi^2。 \tag{3.23}$$

其中，$e(\varphi)$ 中的元素可以表述为：

$$\begin{aligned}e(\varphi)_{it} = &y_{it} - (1-\varphi)\frac{1}{T}\sum_{t=1}^{T}y_{ij} - \delta\Big[\sum_{j=1}^{N}w_{ij}y_{ij} - (1-\varphi)\\ &\frac{1}{T}\sum_{t=1}^{T}\sum_{j=1}^{N}w_{ij}y_{ij}\Big] - \Big[x_{it} - (1-\varphi)\frac{1}{T}\sum_{t=1}^{T}x_{ij}\Big]\beta。\end{aligned} \tag{3.24}$$

进一步通过迭代程序进行估计：首先假定 β、δ 与 σ^2 的值，然后进行迭代直到收敛为止，最后对参数 φ 进行估计。

参数的渐进方差矩阵为：

$Asy.Var(\beta, \delta, \sigma^2)$

$$= \left\{ \begin{matrix} \dfrac{X^{*T}X^*}{\sigma^2} & & & \\ \dfrac{X^{*T}(I_T \otimes W)X^*\beta}{\sigma^2} & T^* \mathrm{tr}(\bar{w}\bar{w}+\bar{w}^T\bar{w}) + \dfrac{\beta^T X^{*T}(I_T \otimes \bar{w}^T\bar{w})X^*\beta}{\sigma^2} & & \\ 0 & -\dfrac{T}{\sigma^2}\mathrm{tr}(\bar{w}) & N(T+\dfrac{1}{\varphi^2}) & \\ 0 & \dfrac{T}{\sigma^2}\mathrm{tr}(\bar{w}) & -\dfrac{N}{\sigma^2} & \dfrac{NT}{2\sigma^2} \end{matrix} \right\}^{-1} 。$$

(3.25)

(2) 空间误差模型

对于空间误差模型（SEM）的设定为：

$$y_{it} = x_{it}\beta + \mu_i + u_{it}, \quad (3.26)$$

$$u_{it} = \lambda \sum_{j=1}^{N} w_{ij} u_{it} + \varepsilon_{it} 。 \quad (3.27)$$

其中，w_{ij} 是空间权重矩阵 W 中的元素。对于含有固定效应的空间误差模型，Anselin 和 Hudak（1992）等对横截面数据及 ML 估计方法进行扩展，得到参数的估计值。

那么，空间误差模型的对数似然估计为：

$$\log L = -\dfrac{NT}{2}\log(2\pi\sigma^2) + T\log|I_N - \delta w| - \dfrac{1}{2\sigma^2}\sum_{i=1}^{N}\sum_{t=1}^{T} \\ (y_{it}^* - \delta\left[\sum_{j=1}^{N}w_{ij}y_{jt}\right]^* - (x_{it}^*\beta - \lambda\left[\sum_{j=1}^{N}w_{ij}y_{jt}\right]^*)\beta)^2 。$$

(3.28)

给定 λ 的估计值，利用 ML 方法，通过一阶的最大化条件可以计算出 β 与 σ^2 的估计值的大小：

$$\beta = b_0 - \delta b_1 = ([X^* - \lambda(I_T \otimes W)X^*]^T[X^* - \lambda(I_T \otimes W)X^*])^{-1} \\ [X^* - \lambda(I_T \otimes W)X^*]^T[Y^* - \lambda(I_T \otimes W)Y^*], \quad (3.29)$$

$$\sigma^2 = \dfrac{e(\lambda)^T e(\lambda)}{NT} 。 \quad (3.30)$$

其中，$e(\lambda) = Y^* - \lambda(I_T \otimes W)Y^* - [X^* - \lambda(I_T \otimes W)X^*]\beta$。

λ 的集中对数似然函数为：

$$\log L = -\frac{NT}{2}\log[e(\lambda)^T e(\lambda)] + T\log|I_N - \delta w|。 \quad (3.31)$$

给定 β 与 σ^2 的估计值，可以利用关于 λ 的集中似然函数最大化的方法估计 λ 的值，进一步通过迭代程序进行估计：首先假定 β 与 σ^2 的值，然后进行迭代直到收敛为止，最后对参数 λ 进行估计。参数的渐进方差矩阵为：

$$\boldsymbol{Asy.Var}(\beta,\delta,\sigma^2) = \begin{bmatrix} \dfrac{\boldsymbol{X}^{*T}\boldsymbol{X}^*}{\sigma^2} & & \\ 0 & T^*\mathrm{tr}(\widetilde{w}\widetilde{w}+\widetilde{w}^T\widetilde{w}) & 0 \\ 0 & \dfrac{T}{\sigma^2}\mathrm{tr}(\widetilde{w}) & \dfrac{NT}{2\sigma^2} \end{bmatrix}^{-1}。$$

$$(3.32)$$

若空间效应是随机的［Anselin，（1988）；Elhorst，（2003）］，那么，空间误差模型的对数似然估计为：

$$\log L = -\frac{NT}{2}\log(2\pi\sigma^2) + (T-1)\sum_{j=1}^{N}\log|B| - \frac{N}{2}\sum_{j=1}^{N}\log|V| - \frac{1}{2\sigma^2}e^T(\frac{1}{T}\iota_T\iota_T^T \otimes V^{-1})e - \frac{1}{2\sigma^2}e^T\left(I_T - \frac{1}{T}\iota_T\iota_T^T\right) \otimes (B^TB)e。 \quad (3.33)$$

其中，$V = T_\varphi I_N + (B^TB)^{-1}$，$B = I_N - \lambda w$，$e = Y - \boldsymbol{X}\beta$。由于矩阵 V 使得模型的估计变得复杂。Elhorst（2003）通过把 $\log|V|$ 作为基于 Griffith（1998）得到的空间权重矩阵 W 的特征根函数进行处理，即：

$$\log|V| = \log|T_\varphi I_N + (B^TB)^{-1}| = \sum_{i=1}^{N}\log\left[T\varphi + \frac{1}{(1-\lambda w_i)^2}\right]。 \quad (3.34)$$

Elhorst 认为，可以采用下面的转换形式：

$$y_{it}^* = y_{it} - \lambda\sum_{j=1}^{N}w_{ij}y_{jt} + \lambda\left[p_{ij} - (1-\lambda w_{ij})\frac{1}{T}\sum_{t=1}^{T}y_{ij}\right]。 \quad (3.35)$$

式（3.35）对不同的观测值 x_{it} 是一样的，p_{ij} 则是 $N \times N$ 的矩阵中的元素，虽然在 N 比较大的时候得到的 $\boldsymbol{P}$ 的行列式有问题，但是在合理的时间内，当 N 不超过 4000，通过这样的程序估计的结果还是很好的。

通过式（3.34）和式（3.35），可以对对数似然函数进行简化，简化后整理得：

$$\log L = -\frac{NT}{2}\log(2\pi\sigma^2) + T\sum_{j=1}^{N}\log(1-\lambda w_i) - \frac{1}{2}\sum_{j=1}^{N} \\ \log(1+(1-\lambda w_i)^2) - \frac{1}{2\sigma^2}e^{\circ T}e^{\circ}。 \tag{3.36}$$

其中，$e^{\circ} = Y^{\circ} - X^{\circ}\beta$。通过求一阶导数的最大化条件对参数进行估计，通过一阶最大化的条件得：

$$\begin{cases} \beta = (X^{\circ T}X^{\circ})^{-1}X^{\circ T}Y^{\circ}, \\ \sigma^2 = \frac{1}{NT}(Y^{\circ} - X^{\circ}\beta)^T(Y^{\circ} - X^{\circ}\beta)。\end{cases} \tag{3.37}$$

将式（3.37）中计算的值带入对数似然函数中，可以得到关于 λ 与 φ 集中似然函数，具体为：

$$\log L = C - \frac{NT}{2}\log[e(\lambda,\varphi)^T e(\lambda,\varphi)] + T\sum_{j=1}^{N}\log(1-\lambda w_i) - \\ \frac{1}{2}\sum_{j=1}^{N}\log(1+T\varphi(1-\lambda w_i)^2)。 \tag{3.38}$$

通过对 β 与 σ^2 或 λ 与 φ 进行不断的迭代直到收敛为止，如果给定的是 λ 与 φ 的值，则可以通过 OLS 回归得到 β 与 σ^2 的估计值；但若给定的是 β 与 σ^2 的值，由于方程没有具体的解析式，因此需要通过数值分析的方法得到 λ 与 φ 的估计值。

Baltagi 等（2007）则推导出模型的渐近方程矩阵，通过给出序列误差自相关及空间误差自相关的检验方法，通过联合的方法对模型进行建模。Elhorst（2008a）也证明了对序列误差自相关及空间误差自相关进行联合建模的时候，会导致空间自相关及序列自相关系数的权衡，忽略了这些因素可能造成估计的结果是无效的，也是不稳定的。但是，当把序列自相关系数设置为 0，则上述问题就消失了，因此，当序列自相关系数设置为 0，就可以得到渐近方差矩阵。与 Baltagi 等人的研究结果相比，Baltagi 等人只是推导得到了 β、σ^2、λ、σ_μ^2 的渐近方差矩阵，而不是 β、σ^2、λ、φ 的渐近方差矩阵。可见，随机效应的空间误差模型的估计相对其他模型的估计更加复杂。

(3) 空间滞后模型（SAR）、空间杜宾模型（SDM）与两阶段空间杜宾模型

SDM 模型可以通过下式进行生成：

$$y = \rho Wy + X\beta + WX\theta + \varepsilon。 \tag{3.39}$$

其中，$\varepsilon \sim N(0, \sigma^2 I_N)$。式（3.39）也可以表示为：

$$y = (I_N - \rho W)^{-1}(\alpha \iota_N + X\beta + WX\theta + \varepsilon)。 \quad (3.40)$$

其中，0 代表 $N \times 1$ 的 0 向量，ι_N 代表的是与常数项 α 无关的 $N \times 1$ 阶的向量。通过定义：$Z = [\iota_N, X, WX]$，$\delta = [\alpha, \beta, \theta]^T$，可将上述模型写作 SAR 模型，因此，SAR 模型与 SDM 模型可以具有相同的似然函数的形式，SAR 模型中 $Z = [\iota_N, X]$，SDM 中 $Z = [\iota_N, X, WX]$，即：

$$y = \rho Wy + Z\delta + \varepsilon, \quad (3.41)$$

或者：

$$y = (I_N - \rho W)^{-1} Z\delta + (I_N - \rho W)^{-1}\varepsilon。 \quad (3.42)$$

通过对数似然函数对 SDM（或 SAR）进行估计。最大似然函数的形似如下（Anselin，1988）：

$$\begin{cases} \ln L = -\dfrac{N}{2}\ln(\pi\sigma^2), \\ e = y - \rho Wy - Z\delta。 \end{cases} \quad (3.43)$$

其中，$\rho \in [\min(w)-1, \max(w)-1]$，$w$ 是矩阵 W 中 $N \times 1$ 阶的特征值向量。若是 w 只是包含真实的特征值，则当 $\rho \in [\max(w)^{-1}, \min(w)^{-1}]$ 时，就可以得到一个正定的方差-协方差矩阵。Barry 和 Pace（1998）指出，可以通过最大特征值衡量空间权重矩阵。在这种情况下，需要考虑 ρ 的取值范围。通过对上述对数似然函数进行简化，进而进行估计。Pace 和 Barry（1997）提出了一个简化的方法，简化系数 δ 与 σ^2，具体为：

$$\ln L = \kappa + \ln|I_N - CW| - \dfrac{N}{2}\ln[S(\rho)]。 \quad (3.44)$$

其中，$S(\rho) = e(\rho)^T e(\rho) = e_0^T e_0 - 2\rho e_0^T e_d + \rho^2 e_d^T e_d$，$e = e_0 - \rho e_d$，$e_0 = y - Z\delta_0$，$e_d = Wy - Z\delta_d$，$\delta_0 = (Z^T Z)^{-1} Z^T Y$，$\delta_d = (Z^T Z)^{-1} Z^T WY$，$\kappa$ 是一个常数项且不依赖于 ρ 的大小。对于标量参数 ρ，Pace 与 Barry（1997）提出通过使用 ρ 的取值范围在 $[\rho_{\min}, \rho_{\max}]$ 之间的一个 $q \times 1$ 的向量对数似然函数的最优化问题进行估计。ML 估计也可以通过一系列的单变量最优化工具进行估计，如基于 ρ 的栅格值的向量化方法、Nelder-Mead 单一或二分的搜索方案等。总之，有许多方法可简化 SDM 与 SAR 模型的最大似然函数的估计问题，这些方法减少了大样本研究中所需要的计算量及计算速度，对于 SDM 模型的估计，可通过 Matlab 编程来完成。

在空间杜宾模型的基础上,地区产业水平等变量变化的互动模式具有策略性,引入具有二维指示变量的两区制空间杜宾模型,具体形式为:

$$y_{it} = \delta_1 d_{it} \sum_{j=1}^{N} w_{ij} y_{jt} + \delta_2 (1-d_{it}) \sum_{j=1}^{N} w_{ij} y_{jt} + \alpha + \boldsymbol{X}_{it}\beta +$$

$$\mu_i + \lambda_t + \theta \sum_{j=1}^{N} w_{ij} x_{jt} + \varepsilon_{it} \, . \tag{3.45}$$

其中,d_{it} 代表指示指标,当此省份位于东部的时候取值为 1,否则为 0;δ_1 与 δ_2 代表不同区域的影响值,其他变量的解释同 SDM 模型。Elhorst 等给出了具体的估计方法,由于变量可能存在内生性,而若利用工具变量法将会产生负面的影响,可能会导致空间滞后自变量与指示变量交互项的估计值缺失。对于内生性的处理方法,主要是通过 ML 估计方法得到一致无偏的估计量,这样可以有效消除工具变量法的不足,且被解释变量除了空间滞后过程之外,自变量也会存在空间自相关及空间误差的问题。通过以上分析,通过假定误差项服从白噪音过程,得到对数似然函数为:

$$\log L = -\frac{NT}{2} \log [e(\lambda, \varphi)^T e(\lambda, \varphi)] + \sum_{t=1}^{T} \ln |I_N - \delta_1 D_t \boldsymbol{W} - \delta_2 (I_N - D_t) \boldsymbol{W}|$$

$$-\frac{1}{2\sigma^2} \sum_{i=1}^{N} \sum_{t=1}^{T} [y_{it} - \delta_1 d_{it} \sum_{j=1}^{N} w_{ij} y_{jt} - \delta_2 (1-d_{it}) \tag{3.46}$$

$$\sum_{j=1}^{N} w_{ij} y_{jt} - \alpha - \boldsymbol{X}_{it}\beta - \mu_i - \lambda_t - \theta \sum_{j=1}^{N} w_{ij} x_{jt}]^2 \, .$$

通过限制 $\sum_i \mu_i = \sum_t \lambda_t = 0$,则截距项 α、空间固定效应 μ_i 及时间固定效应 λ_t 可以通过对最大似然函数求一阶导数得到:

$$\alpha = \frac{1}{NT} \sum_{i=1}^{N} \sum_{t=1}^{T} \vartheta_{it}, \tag{3.47}$$

$$\mu_i = \frac{1}{T} \sum_{t=1}^{T} \vartheta_{it} - \frac{1}{NT} \sum_{i=1}^{N} \sum_{t=1}^{T} \vartheta_{it}, \tag{3.48}$$

$$\lambda_t = \frac{1}{N} \sum_{i=1}^{N} \vartheta_{it} - \frac{1}{NT} \sum_{i=1}^{N} \sum_{t=1}^{T} \vartheta_{it} \, . \tag{3.49}$$

其中:

$$\vartheta_{it} = y_{it} - \delta_1 d_{it} \sum_{j=1}^{N} w_{ij} y_{jt} - \delta_2 (1-d_{it}) \sum_{j=1}^{N} w_{ij} y_{jt} -$$

$$\boldsymbol{X}_{it}\beta - \theta \sum_{j=1}^{N} w_{ij} x_{jt} \, . \tag{3.50}$$

将式（3.50）估计得到的结果带到最大似然函数中，进一步化简可以得到系数与标准差的估计值，具体的估计程序可以通过 Matlab 编程得到。

(4) 直接效应与间接效应

有些学者使用一个或多个空间回归模型的点估计来判断是否存在间接效应。LeSage 和 Pace（2009）指出这样的点估计可能造成错误的决定。

对于一般的嵌套模型可以写为：

$$y = (I_N - \rho W)^{-1}(X\beta + WX\theta) + R。 \quad (3.51)$$

其中，R 是包含了误差项及截距项的剩余项，对于 Y 的期望，对 X 求偏导数有：

$$\begin{bmatrix} \dfrac{\partial E(y_1)}{\partial x_{1k}} & \cdots & \dfrac{\partial E(y_1)}{\partial x_{Nk}} \\ \vdots & \cdots & \vdots \\ \dfrac{\partial E(y_N)}{\partial x_{1k}} & \cdots & \dfrac{\partial E(y_N)}{\partial x_{Nk}} \end{bmatrix} = (I - \delta W)^{-1} \begin{bmatrix} \beta_k & \omega_{12\theta_k} & \cdots & \omega_{1N\theta_k} \\ \omega_{21\theta_k} & \beta_k & \cdots & \omega_{2N\theta_k} \\ \vdots & \vdots & \cdots & \vdots \\ \omega_{N1\theta_k} & \omega_{N2\theta_k} & \cdots & \beta_k \end{bmatrix}。$$

$$(3.52)$$

从上述结果可以看出，对于第 k 个解释变量对应的 Y 的期望值有以下 3 个特征：①一个特定的解释变量不仅改变了这个单位自身的被解释变量，也会改变其他单位的被解释变量。第一种改变的是直接效应，第二种改变的则是间接效应，可以看出，偏导数主对角线上的元素代表直接效应，非对角线上的元素代表的则是间接效应。当 $\delta=0$ 且 $\theta_k=0$ 时，非对角线上的所有元素的值都为 0，间接效应就不存在了。②对于样本中不同单位而言，直接效应与间接效应对它们的影响是不同的，原因在于，对于直接效应而言，$\delta \neq 0$ 时，矩阵 $(I-\delta W)^{-1}$ 主对角线上的元素对不同单位对应的值不同；对于间接效应，当 $\delta \neq 0$ 时或 $\theta_k \neq 0$ 时，矩阵 $(I-\delta W)^{-1}$ 和矩阵 W 非对角线上的元素对不同单位对应的值不同。③当 $\theta_k \neq 0$ 时，对应的间接效应也称为局部效应，由于其效应只产生于这个单位近邻的集合；当 $\delta \neq 0$ 时，对应的间接效应被称为全局效应，由于其效应不只是产生于近邻的集合；当 $\delta \neq 0$ 且 $\theta_k \neq 0$ 时，全局效应与局部效应都存在，无法具体区分。

由于直接效应与间接效应对样本中不同单位的影响不同，因此需要知道这些影响的具体表现形式。对 N 个空间单位与 K 个解释变量，可以得到 K 个不同的 $N \times N$ 的直接效应与间接效应的矩阵，即使 N 与 K 的值都比较小，报告这些结果也是困难的。因此为了提高模型估计结果的区分度，LeSage 和 Pace（2009）提出报告直接效应与间接效应的概括性指标,直接效应利用矩阵$(I-\delta W)^{-1}$对角线元素的均值表示,间接效应则利用这个矩阵非对角线上元素的行或列的均值表示。平均的行效应代表一个外生变量所有元素都发生一个单位变化对因变量特定元素的影响;而平均的列效应代表一个外生变量所有元素都发生一个单位变化对其他单位因变量特定元素的影响。间接效应对于两种方式计算的数值是相等的,一般来讲,间接效应可以解释为:外生变量的一个特定元素变化对其他单位因变量的影响。

对于不同模型的直接效应与间接效应值的大小,Halleck 和 Elhorst(2012)对任意的空间权重矩阵给出了总结。对于空间误差模型,只是在 OLS 模型基础上加了一个空间自相关误差项,由于系数是因变量对解释变量的偏导数,干扰没有起到作用,因此,直接效应与间接效应与 OLS 模型一样,它们的直接效应也就是其系数值,间接效应为 0。对于自变量空间滞后模型(SLX)与空间杜宾误差模型(SDEM),直接效应就是其估计系数,间接效应对应的是空间滞后项估计系数的值。对于与$(I-\delta W)^{-1}$相乘形成不同模型的时候,效应的值就会变得复杂,$(I-\delta W)^{-1}$可以视为空间乘子矩阵的分解值,具体如下:

$$(I-\delta W)^{-1} = I + \delta W + \delta^2 W^2 + \delta^3 W^3 + \cdots 。 \quad (3.53)$$

右边的第一项代表变量 X 的直接效应,把矩阵 W 的幂设置为 1,代表一阶邻居的间接效应的值,更高的幂值反映的是反馈效应值。对于 SDM 模型,特定自变量的直接效应与间接效应值也取决于这个变量空间滞后值系数的大小。出现这种现象的原因是没有对直接效应与间接效应值的大小提前进行约束,因此,直接效应与间接效应的比值对不同模型是不同的。表 3.1 给出了不同模型直接效应与间接效应的值。

表 3.1 不同模型直接效应与间接效应的值

模型	直接效应	间接效应
OLS/SEM	β_k	0
SAR/SAC	$(I-\delta W)^{-1}\beta_k$ 对角线元素的值	$(I-\delta W)^{-1}\beta_k$ 非对角线元素的值
SLX/SDEM	β_k	θ_k
SDM/GNS	$(I-\delta W)^{-1}(\beta_k+W\theta_k)$ 对角线元素的值	$(I-\delta W)^{-1}(\beta_k+W\theta_k)$ 非对角线元素的值

间接效应需要通过解释变量所估计的间接效应来检验，困难在于无法通过系数的 t 值检验包含了内生交互效应的模型是否具有显著的间接效应。Mood 等（1974）指出直接效应与间接效应离散程度的计算可以通过把这些公式用在随机变量的总和、乘积及差分和商值的计算上进行。但由于偏导数的复杂性，不可能推导出一个通用的方法。LeSage 和 Pace（2009）提出利用 ML 估计所得到的方差-协方差矩阵对直接效应与间接效应进行模拟。

对一般的 GNS 模型，当不存在异方差时，方差-协方差的形式为：

$$Var(\tilde{\alpha}, \tilde{\beta}, \tilde{\theta}, \tilde{\delta}, \tilde{\sigma}^2) =$$

$$\begin{bmatrix} \frac{(B\tilde{X})^T B\tilde{X}}{\sigma^2} & \frac{(B\tilde{X})^T B\tilde{W}_\delta \tilde{X}\tilde{\gamma}}{\sigma^2} & 0 & 0 \\ \frac{X^{*T}(I_T \otimes W)X^*\beta}{\sigma^2} & T^* \operatorname{tr}(\tilde{W}_\delta \tilde{W}_\delta + BWB^{-1}) + \frac{(B\tilde{W}_\delta \tilde{X}\tilde{\gamma})^T B\tilde{W}_\delta \tilde{X}\tilde{\gamma}}{\sigma^2} & \frac{\operatorname{trace}(\tilde{W}_\lambda^T B\tilde{W}_\delta B^{-1} + W\tilde{W}_\delta B^{-1})}{\sigma^2} & \frac{\operatorname{trace}(B\tilde{W}_\delta B^{-1})}{\sigma^2} \\ \vdots & \vdots & \operatorname{trace}(\tilde{W}_\lambda \tilde{W}_\lambda + \tilde{W}_\lambda^T \tilde{W}_\lambda) & 0 \\ \vdots & \vdots & 0 & \frac{N}{2\sigma^2} \end{bmatrix}^{-1}。$$

(3.54)

为了简化，其中，$B = I - \tilde{\lambda}W$，$\tilde{W}_\delta = W(I - \tilde{\lambda}W)^{-1}$，$\tilde{W}_\lambda = W(I - \tilde{\lambda}W)^{-1}$，$\tilde{X} = [\iota_N\ X\ WX]$ 且 $\tilde{\gamma} = [\hat{\alpha}\ \hat{\beta}^T\ \hat{\theta}^T]^T$，假设有 D 个组合的抽样，且每一个解释变量的直接效应与间接效应由每个参数组合决定，总体效应可以通过这 D 个抽样的均值近似得到，显著性则可以通过其均值除以对应的标准差得到。若 μ_{kd} 表示抽样 d 的第 k 个解释变量的间接效应，则抽样的总体效应及对应的 t 值为：

$$\bar{\mu}_k = \frac{1}{D}\sum_{d=1}^{D}\mu_{kd}, \tag{3.55}$$

$$t = \frac{\bar{\mu}_k}{\frac{1}{D-1}\sum_{d=1}^{D}(\mu_{kd} - \bar{\mu}_k)^2}。\tag{3.56}$$

3.2.2 动态空间面板模型与估计方法

（1）一般模型与模型分类

把时间 t 维度上横截面的观测值写成一般的形似，其向量表示如下：

$$Y_t = \tau Y_{t-1} + \delta W Y_t + \eta W Y_{t-1} + X_t \beta_1 + W X_t \beta_2 + X_{t-1}\beta_3 + W X_{t-1}\beta_4 + Z_t \pi + v_t。\tag{3.57}$$

其中，$v_t = \rho v_{t-1} + \lambda W v_t + \mu + \xi \iota_N + \varepsilon_t$，$\mu = \kappa W \mu + \xi$；$Y_t$ 是一个 $N \times 1$ 的向量，是通过时间 t 上样本中每个空间单位被解释变量的观测值构成的；X_t 是一个 $N \times K$ 的外生解释变量构成的矩阵；Z_t 是 $N \times L$ 的内生解释变量构成的矩阵；W 是 $N \times N$ 的空间权重矩阵。

下面介绍几种混合空间与时间上的动态性的不同模型。

第一个系列研究是把空间与时间混合在一起，将式（3.57）中允许变化的参数及没有包括在这些研究中的参数都进行了报告。Elhorst（2008a）研究了具有序列自相关与空间自相关模型的 ML 估计（包含了 ρ 和 λ，但是没有包含 μ、ξ 和 κ）；Baltagi 等（2012）研究了模型中的误差项与空间随机效应中存在自相关的空间自相关检验（包含了 μ、λ 和 κ，但是没有包含 ρ 和 ξ）；Montes-Rojas（2010）研究了空间滞后模型中序列误差相关和空间随机效应的检验（包含了 δ、ρ 和 μ，但是没有包含 κ 和 ξ）。

第二个系列研究是把空间与时间混合在一起，通过把可决定的回归方程设定为一个动态空间面板模型，把随机误差项设定为空间误差模型，即表 3.2 中的"2"。Elhorst（2005）研究了这种扩展模型中包含了空间与时间固定效应的 ML 估计，Yang 等（2006）研究了这种扩展模型中包含了空间随机效应，但不包含特定时间效应模型的 ML 估计。这类模型的缺点是无法确定空间间接效应。

第三个系列研究主要考虑包含了动态效应的空间杜宾模型，即表 3.2 中的"3"，这些研究主要用于处理国家或地区之间的增长与收敛问题（Elhorst et al, 2010）。表 3.3 给出了不同模型的短期及长期的直接效应与间接效应的影响值，表 3.2 中的"3"给出了动态空间杜宾模型的效应值，通过对参数施加一定的约束也是可行的。

第一个约束是 $\beta_2 = 0$，对应于表 3.2 与表 3.3 中的"4"。Yu 等（2008）、Lee 和 Yu（2010b）都对这个模型进行了研究，但模型的不足是，人为地设置了局部间接效应为零的假设，也就是短期与长期来看，对于每一个解释变量，其间接效应相对于直接效应是相同的。

第二个约束是 $\delta = 0$，对应于表 3.2 与表 3.3 中的"5"。LeSage 和 Pace（2009a）、Korniotis（2010）对于这样的模型进行了研究。这种约束的不足是矩阵 $(I - \tilde{\lambda} W)^{-1}$ 变成了单位矩阵且对于每一个解释变量的全局短期间接效应都是零。

第三个约束是 $\eta = -\tau\delta$，对应于表 3.2 与表 3.3 中的"6"。Parent 和 LeSage（2010、2011）对于这样的模型进行了研究。其优点是把解释变量对于被解释变量的一个单位的变化分解为一个空间效应、一个时间效应。这种约束的不足是对于一个解释变量而言的，不同时间的间接效应对直接效应而言是相同的。

第四个约束是 $\eta = 0$，对应于表 3.2 与表 3.3 中的"7"。Elhorst（2010b）、Brady（2011）对于这样的模型进行了研究。该模型对于间接效应与直接效应的比率进行了约束，这个也是约束最少的模型，因此需要更多的实证研究来证实是否事实如此。

表 3.2 动态空间面板模型

模型类型	模型形式
1	$\varepsilon_{t-1} + W\varepsilon_t$
2	$Y_{t-1} + W\varepsilon_t$
3	$Y_{t-1} + WY_t + X_t + WY_{t-1} + WX_t$
4	$Y_{t-1} + WY_t + X_t + WY_{t-1}$
5	$Y_{t-1} + WY_{t-1} + X_t + WY_{t-1}$
6	$Y_{t-1} + WY_t + X_t + WY_{t-1} + WX_t$，对 WY_{t-1} 的系数施加限制
7	$Y_{t-1} + WY_t + X_t + WX_t$

表 3.3 不同模型的短期及长期的直接效应与间接效应

模型类型	短期直接效应	短期间接效应	长期直接效应	长期间接效应	缺点
0（静态空间杜宾模型）			$[(I-\delta W)^{-1}(\beta_{1k}I_N + \beta_{2k}W)]^d$	$[(I-\delta W)^{-1}(\beta_{1k}I_N + \beta_{2k}W)]^{rsum}$	无短期效应
1（空间或时间上滞后误差项）			β_{1k}		无短期与间接效应
2（动态模型+空间误差相关）			$\beta_{1k}/(1-\tau)$		无间接效应

续表

模型类型	短期直接效应	短期间接效应	长期直接效应	长期间接效应	缺点
3（动态空间杜宾模型）	$[(I-\delta W)^{-1}(\beta_{1k}I_N+\beta_{2k}W)]^{\bar{d}}$	$[(I-\delta W)^{-1}(\beta_{1k}I_N+\beta_{2k}W)]^{rsum}$	$[((1-\tau)I-(\delta+\eta)W)^{-1}(\beta_{1k}I_N+\beta_{2k}W)]^{\bar{d}}$	$[((1-\tau)I-(\delta+\eta)W)^{-1}(\beta_{1k}I_N+\beta_{2k}W)]^{rsum}$	
4（$\beta_2=0$）	$[(I-\delta W)^{-1}(\beta_{1k}I_N)]^{\bar{d}}$	$[(I-\delta W)^{-1}(\beta_{1k}I_N)]^{rsum}$	$[((1-\tau)I-(\delta+\eta)W)^{-1}(\beta_{1k}I_N)]^{\bar{d}}$	$[((1-\tau)I-(\delta+\eta)W)^{-1}(\beta_{1k}I_N)]^{rsum}$	对 X 的直接效应与间接效应相同
5（$\delta=0$）	$[(\beta_{1k}I_N+\beta_{2k}W)]^{\bar{d}}$	$[(\beta_{1k}I_N+\beta_{2k}W)]^{rsum}$	$[((1-\tau)I-\eta W)^{-1}(\beta_{1k}I_N+\beta_{2k}W)]^{\bar{d}}$	$[((1-\tau)I-\eta W)^{-1}(\beta_{1k}I_N+\beta_{2k}W)]^{rsum}$	无短期全局间接效应
6（$\eta=-\tau\delta$）	$[(I-\delta W)^{-1}(\beta_{1k}I_N+\beta_{2k}W)]^{\bar{d}}$	$[(I-\delta W)^{-1}(\beta_{1k}I_N+\beta_{2k}W)]^{rsum}$	$[\frac{1}{1-\tau}(I-\delta W)^{-1}(\beta_{1k}I_N+\beta_{2k}W)]^{\bar{d}}$	$[\frac{1}{1-\tau}(I-\delta W)^{-1}(\beta_{1k}I_N+\beta_{2k}W)]^{rsum}$	不同时期间接效应与直接效应比例相同
7（$\eta=0$）	$[(I-\delta W)^{-1}(\beta_{1k}I_N+\beta_{2k}W)]^{\bar{d}}$	$[(I-\delta W)^{-1}(\beta_{1k}I_N+\beta_{2k}W)]^{rsum}$	$[((1-\tau)I-\delta W)^{-1}(\beta_{1k}I_N+\beta_{2k}W)]^{\bar{d}}$	$[((1-\tau)I-\delta W)^{-1}(\beta_{1k}I_N+\beta_{2k}W)]^{\bar{d}}$	

（2）估计方法

关于动态空间模型的估计方法，相关的文献中主要提到了3种：第一种方法是偏误修正的最大似然（ML）估计量或准最大似然（QML）估计量；第二种方法是基于工具变量或广义矩（IV/GMM）估计量；第三种方法是贝叶斯马尔科夫蒙特卡洛实验（MCMC）。

Yu等（2008）通过一个具有空间固定效应的动态模型的偏误校正估计量，Lee和Yu（2010c）将这个模型进行了扩展，包含了时间固定效应，利用具有空间与时间固定效应的空间滞后模型的ML估计量进行了估计；对ML估计量提供了一个严格的渐进理论，当样本中空间单位个数与时间点个数都趋向无穷大时，给出了偏误校正的ML估计量。Elhorst（2010b）给出了偏误校正的ML估计量的小样本性质。

有些学者研究了IV/GMM估计量，都是在Arrelano和Bond（1991）、Blundell 和 Bond（1998）的基础上进行研究的。Elhorst 对上述模型进行了扩展，包含了内生交互效应，发现这种估计可能存在严重的偏误，并且指出这个偏误是 0.061。Jacobs 等（2009）研究了一个动态面板数据模型，扩展了 Blundell 与 Bond 研究的系统 GMM 估计量，并且也考虑了内生交互效应，研究了空间自相关误差项，认为应该利用 GMM 估计量而不是使用传统的空间最大似然函数估计量。该研究认为，从平均值上来看，变量 WY_t 中 δ 的偏误是真实值的 0.5%；蒙特卡洛模拟实验只是包含有限的数量，因此无法证明这些结果具有普遍性。这些研究都得出了系统 GMM 估计量能够减少变量 WY_t 参数估计的偏误，并且得出了系统 GMM 估计量优于 Arrelano 与 Bond 研究的差分 GMM 估计量的结论。

Parent 和 LeSage（2010，2011）的研究指出，基于贝叶斯的 MCMC 方法研究的每个参数都是基于其他参数条件分布的，计算相对简单。Yu 等（2008）、Elhorst（2005）的研究指出，对对数似然函数进行最大化会引起变量 WY_t 中 δ 的有偏估计。贝叶斯 MCMC 方法的估计量是否存在偏误的问题就会出现。

3.2.3　随机效应与固定效应及模型的选择

一些研究采取的是随机效应模型的设定而不是固定效应，关于随机效应与固定效应的选取是空间模型研究的一个分界点。Baltagi 等（2003）研究了空间随机效应模型的空间误差自相关检验，Kappor 等（2007）研究了具有空间随机效应的空间误差模型的 GMM 估计。Pfaffermayr（2009）研究了空间效应是随机效应的 SAC 模型的 ML 估计。Millo（2014）介绍了随机效应、空间滞后因变量面板模型的软件操作方法。

使用随机效应主要有以下 3 个原因：第一个原因，这种方法可以视为对所有的能利用或不能利用的数据横截面要素的一个折中方法，对空间固定效应进行控制的面板模型只能利用数据的时间序列要素，而没有对空间固定效应进行控制的模型可以利用数据的时间序列要素与横截面的要素。对于取值在 [0，1] 的随机效应模型，则可以估计数据中依赖于横截面要素的权重，若是权重为 0，则随机效应模型就可以简化为固定效应模型；若是权重为 1，则就是没对空间固定效应进行控制的固定效应模型。第二个原因，当 N 比较大的时候，固定效应模型会造成自由度的损失，而随机效应则可以避免这类问题。另外，只有当 T 比较大的时候，空间固定效应的估计才是一致的，这是由于每个残差项参数值的观测个

数就是 T。第三个原因,随机效应还可以避免非时变变量系数或时变变量系数无法估计的问题。基于以上3种原因,随机效应比较流行。

虽然随机效应比较流行,但并不是所有的模型都适合利用随机效应进行估计,在选择随机效应之前,需要检验是否满足以下的3个条件:第一个条件,观测单元的个数是不是趋向无穷大;第二个条件,观测的单位应该是一个更大总体的具有代表性的观测单位;第三个条件,随机效应与解释变量是不是存在零相关的假设。在有些情况下,固定效应模型比随机效应模型可能更适合,这是由于空间计量经济学家相对更喜欢使用研究一个连续区域邻近空间单位中的空间与时间数据,如研究一个国家的所有地区。

为了检验随机效应与解释变量是不是存在零相关的假设,利用 Hausman 检验进行固定效应与随机效应的选择。Baltagi(2005)给出了具体的方法,原假设为 $H_0:h=0$,其中:

$$h = d^T [Var(d)]^{-1} d 。 \tag{3.58}$$

其中,$d = \hat{\beta}_F E - \hat{\beta}_R E$,$Var(d) = \hat{\sigma}_R^2 E(\boldsymbol{X}^{·T}\boldsymbol{X}^{·})^{-1} - \hat{\sigma}_{FE}^2 (\boldsymbol{X}^{*T}\boldsymbol{X}^{*})^{-1}$。

上述检验是服从卡方分布的,除了常数项以外的解释变量的自由度为 K。如果模型拒绝原假设,则说明模型拒绝了随机效应模型而接受了固定效应模型,否则说明模型接受了随机效应模型。

前文对随机效应与固定效应进行了选择,但在模型研究中需要对模型进行选择,检验是否存在空间交互效应。Anselin 等(2008)针对空间面板模型给出了传统的拉格朗日乘子(LM)检验:

$$LM_\delta = \frac{\left[\dfrac{e^T(I_T \otimes \boldsymbol{W})\boldsymbol{Y}}{\hat{\sigma}^2}\right]^2}{J}, \tag{3.59}$$

$$LM_\lambda = \frac{\left[\dfrac{e^T(I_T \otimes \boldsymbol{W})e}{\hat{\sigma}^2}\right]^2}{T \times T_W} 。 \tag{3.60}$$

其中,e 是一个残差向量,J 与 T_W 的表达式分别为:

$$J = \frac{1}{\hat{\sigma}^2} [(I_T \otimes \boldsymbol{W})\boldsymbol{X}\hat{\beta}]^T (I_{NT} - \boldsymbol{X}(\boldsymbol{X}^T\boldsymbol{X})^{-1}\boldsymbol{X}^T) \times \\ (I_T \otimes \boldsymbol{W})\boldsymbol{X}\hat{\beta} + TT_W \hat{\sigma}^2 。 \tag{3.61}$$

其中,$T_W = \text{tr}(\boldsymbol{W}\boldsymbol{W} + \boldsymbol{W}^T\boldsymbol{W})$。

Elhorst（2010b）证明了上述空间面板模型 LM 检验的稳健形式：

$$\text{Robust}LM_\delta = T \frac{\left[\dfrac{e^T(I_T \otimes W)Y}{\hat{\sigma}^2} - \dfrac{e^T(I_T \otimes W)e}{\hat{\sigma}^2}\right]^2}{J - TT_W}, \quad (3.62)$$

$$\text{Robust}LM_\lambda = T \frac{\left[\dfrac{e^T(I_T \otimes W)e}{\hat{\sigma}^2} - \dfrac{TT_W}{J}\dfrac{e^T(I_T \otimes W)Y}{\hat{\sigma}^2}\right]^2}{TT_W\left[1 - \dfrac{TT_W}{J}\right]}。\quad (3.63)$$

传统的 LM 检验与稳健的 LM 检验都是基于残差项的，服从于自由度为 1 的卡方分布。另外，也可以使用条件 LM 检验，检验以其他条件为基础的空间依赖性的存在性。稳健的 LM 检验与条件 LM 检验的区别是：稳健的 LM 检验是以非空间模型的残差为基础，而条件 LM 检验是以空间滞后或空间误差模型 ML 估计的残差为基础。

另一种方法就是拟合优度，由于空间面板模型不存在类似 OLS 回归那样精确的拟合优度的计算公式，对空间模型而言，拟合优度的计算是比较困难的，更多的学者利用 $R^2(e, \Omega) = 1 - \dfrac{e^T \Omega e}{(Y - \bar{Y})^T(Y - \bar{Y})}$ 来代替，但是对上式的反对意见是：不能确保增加（减少）变量可以导致拟合优度 R^2 的增加（减少）。另外一种测量拟合优度的方法就是相关系数的平方，即实际值与拟合值相关系数的平方：

$$corr^2(Y, \hat{Y}) = \frac{[(Y - \bar{Y})^T(\hat{Y} - \bar{Y})]}{[(Y - \bar{Y})^T(Y - \bar{Y})][(\hat{Y} - \bar{Y})^T(\hat{Y} - \bar{Y})]}。\quad (3.64)$$

这种拟合优度忽略了由于空间固定效应所解释的变化，而 R^2 与 $corr^2$ 之间的差异表明多大的变化是用固定效应解释的，但在很多情况下，固定效应是巨大的。另外，空间滞后被解释变量的处理也是一大难题。如果空间滞后被视为一个有助于解释被解释变量变化的解释变量，那么就应该利用拟合优度 R^2 进行解释；反之，若是空间滞后不能视为一个有助于解释被解释变量变化的解释变量，则需要使用相关系数的 $corr^2$ 进行计算。表 3.4 给出了利用 4 种面板模型的两种拟合优度的度量方法。

表 3.4　4 种空间面板模型的两种拟合优度的度量方法

具有固定效应的空间滞后模型		具有固定效应的空间误差模型	
$R^2(e, I_N)$	$e = Y - \hat{\delta}(I_T \otimes W)Y - X\hat{\beta}$ $- (\tau_T \otimes I_N)\hat{\mu}$	$R^2(\tilde{e})$	$\tilde{e} = Y - \hat{\lambda}(I_T \otimes W)Y -$ $[X - \hat{\lambda}(I_T \otimes W)X]\hat{\beta} -$ $(\tau_T \otimes I_N)\hat{\mu}$
$corr^2$	$corr^2(Y^*, [I_{NT} - \hat{\delta}(I_T \otimes W)]^{-1}X^*\hat{\beta})$	$corr^2$	$corr^2(Y^*, X^*\hat{\beta})$
具有随机效应的空间滞后模型		具有随机效应的空间误差模型	
$R^2(\tilde{e})$	$\tilde{e} = Y^{\cdot} - \hat{\delta}(I_T \otimes W)Y^{\cdot} - X^{\cdot}\hat{\beta}$	$R^2(\tilde{e})$	$\tilde{e} = Y^0 - X^0\tilde{\beta}$
$corr^2$	$corr^2(Y, [I_N T - \hat{\delta}(I_T \otimes W)]^{-1}X\hat{\beta})$	$corr^2$	$corr^2(Y, X\hat{\beta})$

3.3　空间动态误差模型

近年来,空间面板模型在经济学领域的应用研究取得了很大的进展。与传统面板数据模型不同的是,空间面板模型注重研究截面单元之间的交互作用,在实证研究中是非常重要的。例如,在区域经济学研究中,由于跨区域和地区的经济合作在世界范围的深入开展,一个国家或地区的经济状况不仅与自身因素有关,而且与周边邻近或合作国家或地区的经济状况息息相关。空间面板模型也被应用于经济增长理论(王火根、沈利生,2007)、产业经济学(于斌斌,2015)、消费经济学(刘霞等,2015)、人口、资源与环境经济学(林伯强、黄光晓,2011)等多个研究领域。

本节研究扰动项具有 AR(1)空间交互结构的固定效应动态短面板空间误差模型,由于 Sarafidis(2011)研究了带 MA(1)空间交互结构的动态短面板空间误差模型,而 MA(1)结构的模型一般是用来刻画对截面单元产生的局部冲击效应,这里的研究更加关注全局冲击效应,因此研究扰动项的空间交互结构为 AR(1)的模型。大部分对动态空间面板模型的研究都考虑了(N,T)都很大的情形。但是,在微观经济学和有关产业组织的实证分析中,情况则有所不同,T 有可能比较小。Baltagi 等(2016)对中国分省域的化工行业进行了实证研究,样本数据选取了 12 552 个企业,但研究时期跨度却只有 3 年。Bhargava 和

Sargan（1983）、Hsiao 等（2002）都指出对动态短面板空间误差模型的 QMLE 估计，当时间维度很小的时候，若是忽略起始期样本的信息估计的结果多是不一致的。

Su 和 Yang（2015）对 Bhargava 和 Sargan（1983）、Hsiao 等（2002）的工作进行了拓展，扩展到在空间面板模型框架下进行研究，但在这个模型中仍存在一些问题亟待解决。一个问题是，若动态自回归系数逐渐趋近 1，QMLE 估计的有限样本性质可能不如 GMM 好；另一个问题是，QMLE 估计前要先设定起始期的值，若是起始期的值设置不正确可能会影响 QMLE 估计的有限样本性质。因此，本节在 Sarafidis（2011）研究的基础上，给出了动态短面板空间误差模型的 SGMM 估计步骤，并且通过蒙特卡洛实验研究了不同情形下 QMLE 与 SGMM 两种估计方法的有限样本所表现出的优劣。

3.3.1 模型说明与 QMLE 估计方法

（1）模型说明

研究模型设定如下：

$$y_{it} = \rho y_{i,t-1} + x_t'\beta + z_i\gamma + u_{it} 。 \tag{3.65}$$

其中，$i=1,2,\cdots,n$；$t=1,2,\cdots,T$。$y_{i,t-1}$ 为被解释变量的滞后项；$\rho(|\rho|<1)$ 刻画了被解释变量滞后项的动态效应；x_{it} 为 $k_1 \times 1$ 维的随时间进行变化的解释变量；z_i 为 $k_2 \times 1$ 维的不随时间进行变化的解释变量（可以是截距项、虚拟变量、刻画个体特征的解释变量等）。扰动项 u_{it} 的设定如下：

$$u_{it} = \mu_i + v_{it} 。 \tag{3.66}$$

其中，$v_{it} = \lambda \sum_{j=1}^{N} w_{ij} v_{jt} + \varepsilon_{it}$，$\mu_i$ 为未观测到的个体固定效应，w_{ij} 为前文给定的空间权重矩阵 W 中的元素，ε_{it} 为纯随机扰动项，满足均值为 0、方差为 σ_ε^2 的经典假定。

记：$y_t = (y_{1t}, y_{2t}, \cdots, y_{nt})'$，$x_t = (x_{1t}, x_{2t}, \cdots, x_{nt})'$，$z = (z_1, z_2, \cdots, z_t)'$，$\mu = (\mu_1, \mu_2, \cdots, \mu_t)'$，$u_t = (u_{1t}, u_{2t}, \cdots, u_{nt})'$，$v_t = (v_{1t}, v_{2t}, \cdots, v_{nt})'$，$\varepsilon_t = (\varepsilon_{1t}, \varepsilon_{2t}, \cdots, \varepsilon_{nt})'$，$R_n = I_n - \lambda W_n$，式（3.65）可简化为：

$$y_t = \rho y_{t-1} + x_t'\beta + z\gamma + u_t 。 \tag{3.67}$$

其中，$u_t = R_n^{-1}(\lambda)\varepsilon_t$。在进行估计方法研究之前，首先给定几个假定

(Kelejian 和 Prucha，1998、1999、2010；Su 和 Yang，2015)。

假设1 对于随机过程(y_t, x_t)，$t = -m, \cdots, 0, \cdots, T$，$-m$是其起始期，$y_{-m}$是严格外生的。可以观测的数据集$(y_t, x_t, z)$是从$t = 0$开始，0期之前的数据是无法观测的。当$m \neq 0$时，其中，初始值$y_0$是内生的。

假设2 对于面板数据结构，截面单元数$n \to \infty$，时期数T固定且$T \geqslant 2$。考虑短面板结构，即"大n小T"的情形。

假设3 对于异质性随机变量$\{v_{it}\}$，满足独立同分布假定，$E(v_{it}) = 0$，$Var(v_{it}) = \sigma_v^2$，$0 < \sigma_v^2 < \infty$，且满足四阶矩有界，即对于某些$\varepsilon_0 > 0$，有$E|v_{it}|^{4+\varepsilon_0} < \infty$。

由于异方差条件下空间模型的 QMLE 估计是不一致的，因此假定扰动项是同方差。

假设4 $\boldsymbol{R}_n$是非奇异矩阵，$\boldsymbol{W}_n$、$\boldsymbol{R}_n^{-1}$矩阵满足行和及列和的绝对值一致有界。

(2) QMLE 估计方法

在固定效应模型中，个体效应u与解释变量相关，为了避免冗余参数的问题，运用一阶差分方法消除固定效应有：

$$\Delta y_t = \rho \Delta y_{t-1} + \Delta x_t' \beta + \Delta u_t 。 \tag{3.68}$$

其中，$t = 2, 3, \cdots, T$；$\Delta u_t = R_n^{-1}(\lambda) \Delta \varepsilon_t$。由于式（3.67）中$\Delta y_1$的值依赖于$\Delta y_0$的值，但是$\Delta y_0$的值是没法观测到的，因此式（3.67）在$t = 1$处没有定义，所以，即使$y_0$是外生给定的，似然函数也不能通过$\Delta y_0$来构建。Su 和 Yang (2015) 通过对$\Delta y_1$做近似处理的办法来解决这一问题，即通过将$\Delta y_1$分解成为内生与外生两部分，$\widetilde{\Delta} x = (l_n, \Delta x_1, \Delta x_2, \cdots, \Delta x_T)'$则是$\Delta y_1$中内生的那部分最优预测变量。

$$\Delta \boldsymbol{Y}^+ (\rho) = \begin{pmatrix} \Delta y_1 \\ \Delta y_2 - \rho \Delta y_1 \\ \vdots \\ \Delta y_T - \rho \Delta y_{T-1} \end{pmatrix}, \tag{3.69}$$

$$\Delta \boldsymbol{X}^+ (\rho) = \begin{pmatrix} \Delta x_1 & \widetilde{\Delta} x \\ \Delta x_2 & 0 \\ \vdots & \vdots \\ \Delta x_T & 0 \end{pmatrix} 。 \tag{3.70}$$

利用式（3.69）和式（3.70）构建相应的似然函数。Su 和 Yang（2015）的研究中给出了利用 QMLE 方法进行估计的估计量一致性证明及估计量渐近分布，也给出了似然函数关于行列式与方差-协方差矩阵逆的简单计算方法。

（3）对 γ 的估计

Su 和 Yang（2015）研究给出了基于 Δy_1 的 QMLE 估计方法。但是，对模型进行一阶差分后，其中不随时间进行变化的解释变量 z 就被差分掉了，因此，γ 的估计量无法衡量。在得到 $(\hat{\rho}, \hat{\lambda}, \hat{\beta}')'$ 估计的基础上，基于方程：

$$y_t - \hat{\rho} y_{t-1} - x_t' \hat{\beta} = z\gamma + u_t \text{。} \tag{3.71}$$

其中，$t = 1, 2, \cdots, T$。令 $\hat{d} = y_t - \hat{\rho} y_{t-1} - x_t^T \hat{\beta}$，$R_n(\hat{\lambda})$ 表示进行 Cochrane-Orcutt 变换消除扰动项中存在的空间关联，得到：

$$R_n(\hat{\lambda}) \hat{d} = R_n(\hat{\lambda}) z\gamma + R_n(\hat{\lambda}) \mu + \varepsilon_t \text{。} \tag{3.72}$$

基于式（3.72），得到系数 γ 估计的表达式：

$$\hat{\gamma} = (z' R_n'(\hat{\lambda}) R_n(\hat{\lambda}) z)^{-1} (z' R_n'(\hat{\lambda}) R_n(\hat{\lambda}) \hat{d}) \text{。} \tag{3.73}$$

3.3.2 估计方法

（1）SGMM 估计方法

QMLE 估计方法也存在一些问题，如在扰动项存在异方差的情形下，该方法得到的估计是不一致的，且在空间权重矩阵不是标准化的情况下，QMLE 估计方法是没法使用的。因此，在 Sarafidis（2011）研究的基础上，我们给出 SGMM 估计方法。

对于 $t = 2, 3, \cdots, T$，把式（3.67）和式（3.68）连接起来，有：

$$y = \rho y_{-1} + x\beta + z\gamma + u \text{，} \tag{3.74}$$

$$\Delta y = \rho \Delta y_{-1} + \Delta x\beta + \Delta u \text{。} \tag{3.75}$$

其中，$y = (y_2, y_3, \cdots, y_T)'$，$y_{-1} = (y_1, y_2, \cdots, y_{T-1})'$，$\Delta y = (\Delta y_2, \Delta y_3, \cdots, \Delta y_{T-1})'$，$\Delta y_{-1} = (\Delta y_1, \Delta y_2, \cdots, \Delta y_{T-1})'$，$x$、$z$、$u$、$\Delta x$、$\Delta u$ 同样定义。$Z_D = \text{diag}(Z_D^0, Z_D^1, \cdots, Z_D^{T-2})$ 是差分回归元的工具变量矩阵，其中 $Z_D^s = (y_0, y_1, \cdots, y_s, x, z)$，$y_s = (y_{1s}, y_{2s}, \cdots, y_{ns})$，同时令 $Z_L = \text{diag}(Z_D^1, Z_D^2, \cdots, Z_L^{T-1})$ 为对应于水平回归元的工具变量矩阵，其中 $Z_L^s = (\Delta y_s, \Delta x, 0)$，$\Delta y_s = (\Delta y_{1s}, \Delta y_{2s}, \cdots, \Delta y_{ns})$，则基于下式中的矩条件构建系统 GMM 估计方程：

$$n^{-1}E\begin{bmatrix} \mathbf{Z}'_D \Delta \varepsilon \\ \mathbf{Z}'_L \mathbf{u} \end{bmatrix} = 0 \text{。} \tag{3.76}$$

定义：$\mathbf{Z}^s = \begin{bmatrix} \mathbf{Z}_D & 0 \\ 0 & \mathbf{Z}_s \end{bmatrix}$，$\mathbf{Y}^s = \begin{bmatrix} \Delta \mathbf{y} \\ \mathbf{y} \end{bmatrix}$，$\mathbf{W}^s = \begin{bmatrix} \Delta \mathbf{y}_{-1} & \Delta \mathbf{x} & 0 \\ \mathbf{y}_{-1} & \mathbf{x} & \mathbf{z} \end{bmatrix}$，$\mathbf{U}^s = \begin{bmatrix} \Delta \varepsilon \\ \mathbf{u} \end{bmatrix}$。 $\hat{\theta}^s = (\hat{\rho}, \hat{\beta}', \hat{\gamma}, \hat{\lambda})^T$，$\mathbf{V}^s$ 为正定的空间权重矩阵。系统 GMM 估计量定义如下：

$$\hat{\theta}^s = \arg\min_{\hat{\theta}^s} [n^{-1} \mathbf{Z}'^s \mathbf{u}^s]' V^s [n^{-1} \mathbf{Z}'^s \mathbf{u}^s], \tag{3.77}$$

求解式（3.77）的一阶条件，有：

$$\hat{\theta}^s = [\mathbf{W}'^s \mathbf{Z}^s \mathbf{V}^s \mathbf{Z}'^s \mathbf{W}^s]^{-1} [\mathbf{W}'^s \mathbf{Z}^s \mathbf{V}^s \mathbf{Z}'^s \mathbf{Y}^s] \text{。} \tag{3.78}$$

最优 GMM 估计的空间权重矩阵为 $\mathbf{V}^s = \Omega_s^{-1}$，$\Omega_s = Var(\sqrt{n} \mathbf{Z}'^s u^s)$。与 QMLE 估计的不同在于系统 GMM 估计是将 y_0 看作外生给定，这样就可以充分利用差分项与水平值的信息。

由于没法通过式（3.67）估计空间自回归参数 λ 的值，也没考虑扰动项的空间关联，这样得到的 $\hat{\theta}^s$ 的估计值不是有效的。因此，基于下式的水平值方程估计 λ 值：

$$\hat{d} = \mathbf{y} - \hat{\rho} \mathbf{y}_{-1} - \mathbf{x}\beta - \mathbf{z}\gamma = \boldsymbol{\mu} + R_n^{-1}(\hat{\lambda}) \boldsymbol{\varepsilon} \text{。} \tag{3.79}$$

参考 Kelejian 和 Prucha（2010）与 Moscone 和 Tosetti（2011）的研究，得到如下矩条件：

$$M_k(\lambda) = \frac{1}{nT} E[d^{*'}(\lambda)(I_T \otimes A_k) d^*(\lambda)] \text{。} \tag{3.80}$$

其中，$k = 1, 2, \cdots, r$；$d^*(\lambda) = (\mathbf{J}_T \otimes (I_N - \lambda \mathbf{W}_n))\hat{d}$；$A_k$ 为空间权重矩阵，并且满足行和范数与列和范数是有界的且对角线上的元素为 0；$\mathbf{J}_T = I_T - \frac{1}{T}\iota_T\iota'_T$ 为去掉了时间趋势的均值矩阵。

定义：

$$\begin{cases} A_1 = \mathbf{W}'_n \mathbf{W}_n - \text{trace}(\mathbf{W}'_n \mathbf{W}_n) I_N, \\ A_2 = \mathbf{W}_n \text{。} \end{cases} \tag{3.81}$$

根据下式得到关于 λ 的 GMM 估计量：

$$\hat{\lambda} = \arg\min_{\hat{\lambda}} [M'_{nT}(\lambda) \mathbf{V}_{nT} M_{nT}(\lambda)] \text{。} \tag{3.82}$$

其中，$\mathbf{V}_{nT}$ 为正定空间权重矩阵。

基于式（3.81）得到的 $\hat{\lambda}$，构造 $R_n(\hat{\lambda})$，有：
$$\tilde{y} = \tilde{\rho} y_{-1} + \tilde{x}\beta + \tilde{z}\gamma + \mu 。 \tag{3.83}$$

其中，$\tilde{y} = R_n(\hat{\lambda})y$，关于其他的回归元定义相同。若令 $\tilde{Z}^s = (I_{2(T-1)} \otimes R_n(\hat{\lambda}))Z^s$ 为经过 Cochrane-Orcutt 变换后的工具变量矩阵，$\tilde{Y}^s = (I_{2(T-1)} \otimes R_n(\hat{\lambda}))Y^s$，$\tilde{W}^s = (I_{2(T-1)} \otimes R_n(\hat{\lambda}))W^s$ 为经过变换后的回归元，那么，关于 θ 的最优 SGMM 估计量定义为：
$$\hat{\theta}^{Bs} = [\tilde{W}^{s\prime} \tilde{Z}^s V^{*s} \tilde{Z}^{s\prime} \tilde{W}^s]^{-1}[\tilde{W}^{s\prime} \tilde{Z}^s V^{*s} \tilde{Z}^{s\prime} \tilde{Y}^s] 。 \tag{3.84}$$

最优 GMM 估计得到的权重矩阵是 $V^{*s} = \tilde{\Omega}_s^{-1}$，$\tilde{\Omega}_s = Var[\sqrt{n}\tilde{Z}^{s\prime}\tilde{u}^s]$。

因此，关于本小节提出的 SGMM 估计方法的步骤总结如下。

第 1 步，基于式（3.78）得到关于 θ 的初始估计值 $\hat{\theta}$；

第 2 步，基于式（3.82）得到空间自回归系数的估计 $\hat{\lambda}$；

第 3 步，基于式（3.84）得到关于 θ 的最优估计 $\hat{\theta}^{Bs}$。

（2）对 γ 的估计

Kripfganz 和 Schwarz（2015）虽然对普通动态面板模型中解释变量不随时间变化的模型进行了讨论，但是通过他们的仿真结果，通过式（3.84）直接给出对 γ 估计的有限样本表现不佳，因此根据上面提到的方法，在第 3 步之后基于式（3.73）得到新的 γ 估计。在下面的仿真中，分别基于式（3.84）与式（3.73）给出估计结果。

3.3.3 QMLE 与 SGMM 估计方法的比较——基于蒙特卡洛实验

为了评价 QMLE 与 SGMM 估计的有效性，通过蒙特卡洛实验对两种估计方法的有限样本性质进行比较，根据样本均值（MEAN）、标准差（SD）及均方根误差（RMSE）指标还比较了不同情形下这两种估计方法的优与劣。主要考虑两种情形：①近单位根；②起始期错误设定。

（1）数据生成过程

参考 Su 和 Yang（2015）的研究，空间动态面板模型（SDPD）设定如下：
$$y_t = \rho y_{t-1} + x_t\beta + z\gamma + u_t 。 \tag{3.85}$$

其中，$u_t = \mu + v_t$，$v_t = \lambda W_n v_t + \varepsilon_t$，$m$ 为起始期。

对于空间权重矩阵，考虑如下具有交互结构的空间权重矩阵，且进行行标准化的处理：①对于每个组的样本量 m_r，从 $U(3,6)$ 分布中随机抽取后取整；②对于 $W_r(r=1,2,\cdots,R)$ 的第 i 行，从 $[0,2,3,4]$ 中随机均匀抽取一个整数 k，令 W_r 的第 i 行的第 $(i+1)th$，$(i+2)th$，$\cdots$，$(i+k)th$ 元素取 1，若 $i+k < m_r$，则其他元素取 0，否则第 i 行的前 $m_r - k$ 个元素取 1，其他位置为 0。

x_t 通过下式生成 $x_t = \mu_t + gt\iota_n + \zeta_t$，$\zeta_t$ 服从如下的 $ARMA(1,1)$ 过程：$(1-\pi_1 L)\zeta_t = (1+\pi_2 L)e_t$，$e_t \sim N(0, \sigma_1^2 I_n)$；$\mu_x = e + \frac{1}{T+m+1}\sum_{i=-m}^{T} e_t$，$e \sim N(0, \sigma_2^2 I_n)$。参数设定为 $\theta_x = (g, \pi_1, \pi_2, \sigma_1^2, \sigma_2^2)' = (0.1, 0.2, 0.4, 1, 1)'$。$z$ 在 $Bernoulli(0.5)$ 分布中随机抽取，$v_t \sim N(0, \sigma_v^2 I_n)$，$(\beta, \gamma, \sigma_v^2)' = (2, 1, 1)'$。面板结构考虑组数 $R = 20, 40$；$n = \sum_{i=1}^{R} m_r$；$T = 3, 7$；仿真次数为 500 次。对于 γ 的 SGMM 估计量，分别基于式（3.84）和式（3.73）的估计结果。

（2）模拟结果分析

1）近乎单位根的情形

选取 $\rho = \pm 0.9$ 与 $\rho = 0.5$ 对比，分析 y_t 趋于单位根时对估计量有限样本性质的影响。模拟结果如表 3.5 和表 3.6 所示。

表 3.5　QMLE 估计结果

$m=6$		$\rho=0.5$	$\rho=-0.9$	$\rho=0.9$
$R=20$, $T=3$	ρ	0.500 (0.024) [0.024]	−0.911 (0.026) [0.028]	0.935 (0.103) [0.108]
	β	1.998 (0.040) [0.040]	1.998 (0.039) [0.039]	2.034 (0.106) [0.111]
	γ	0.994 (0.215) [0.215]	1.005 (0.206) [0.206]	0.819 (0.691) [0.713]
	λ	0.504 (0.065) [0.065]	0.416 (0.139) [0.162]	0.465 (0.117) [0.122]
$R=40$, $T=7$	ρ	0.502 (0.023) [0.023]	−0.911 (0.026) [0.028]	0.931 (0.091) [0.096]
	β	2.000 (0.017) [0.017]	1.998 (0.039) [0.039]	2.026 (0.075) [0.079]
	γ	0.986 (0.152) [0.152]	1.005 (0.206) [0.206]	0.806 (0.654) [0.682]
	λ	0.489 (0.056) [0.057]	0.416 (0.139) [0.162]	0.440 (0.155) [0.166]

估计量：MEAN（SD）[RMSE]。

表 3.6 SGMM 估计结果

$m=6$			$\rho=0.5$	$\rho=-0.9$	$\rho=0.9$
$R=20$, $T=3$	ρ		0.501 (0.039) [0.039]	−0.900 (0.009) [0.009]	0.908 (0.022) [0.023]
	β		2.007 (0.088) [0.088]	2.040 (0.095) [0.103]	2.036 (0.204) [0.207]
	γ	(3.73)	0.990 (0.252) [0.252]	0.988 (0.225) [0.225]	0.957 (0.278) [0.281]
		(3.84)	0.960 (0.860) [0.860]	1.133 (1.843) [1.846]	1.401 (1.746) [1.790]
	λ		0.482 (0.110) [0.112]	0.476 (0.112) [0.114]	0.442 (0.114) [0.128]
$R=40$, $T=7$	ρ		0.500 (0.015) [0.015]	−0.900 (0.004) [0.004]	0.905 (0.010) [0.011]
	β		2.005 (0.049) [0.049]	2.034 (0.056) [0.065]	2.013 (0.153) [0.154]
	γ	(3.73)	1.005 (0.142) [0.142]	0.993 (0.129) [0.129]	0.976 (0.155) [0.157]
		(3.84)	1.048 (0.482) [0.484]	1.047 (1.263) [1.262]	1.525 (0.856) [1.003]
	λ		0.494 (0.029) [0.030]	0.491 (0.034) [0.035]	0.467 (0.050) [0.060]

注：(3.73)、(3.84) 表示基于式 (3.73) 和式 (3.84) 的估计结果，表 3.8 同。

通过表 3.5 和表 3.6 的结果可以看出，对于 $(\rho, \lambda)'$ 的估计，SGMM 估计的有限样本表现要明显优于 QMLE 估计，QMLE 估计对于 λ 的估计值有明显的向下偏误，在 $\rho=-0.9$ 的情形下表现则更差。对于 $(\beta', \gamma)'$ 的估计则明显不同，当 $\rho=-0.9$ 时，QMLE 估计的表现则明显好于 SGMM 估计；当 $\rho=0.9$ 时，二者表现相比 $\rho=-0.9$ 时都比较差，但是 SGMM 估计的表现则优于 QMLE 估计；对于 γ 基于式 (3.73) 的有限样本表现明显优于基于式 (3.84) 的估计。

2) 起始期设定错误

关于起始期 m 的设定，Hsiao 等 (2002) 建议将其作为自由参数来做估计，Su 和 Yang (2015) 则建议将 m 作为外生给定的参数来处理。但若起始期设定错误，可能会对有限样本的估计量造成影响。Su 和 Yang (2015) 研究了起始期设定比较大且远远大于真实起始期的情况，这里考虑的是真实的 $m=100$，但是却错误地设定为 $m=6$。这种情况发生的时候，利用 QMLE 进行估计，y_0 的一些有效信息就丢失了。因此，考虑 $\rho=0.5$、$\rho=-0.9$ 和 $\rho=0.9$ 三种情形，模拟结果如表 3.7 和表 3.8 所示。

表 3.7 错误设定的起始期（QMLE 估计）

$m=100$		$\rho=0.5$	$\rho=-0.9$	$\rho=0.9$
$R=20$, $T=3$	ρ	0.503 (0.029) [0.029]	−0.918 (0.033) [0.036]	0.930 (0.112) [0.116]
	β	2.0020 (0.042) [0.042]	1.9966 (0.037) [0.037]	2.0310 (0.112) [0.116]
	γ	0.9910 (0.223) [0.223]	1.0142 (0.207) [0.208]	0.8730 (1.093) [1.100]
	λ	0.502 (0.067) [0.067]	0.401 (0.172) [0.199]	0.551 (0.142) [0.151]
$R=40$, $T=7$	ρ	0.502 (0.019) [0.019]	−0.912 (0.019) [0.023]	0.929 (0.115) [0.119]
	β	2.001 (0.017) [0.017]	1.997 (0.017) [0.017]	2.023 (0.090) [0.093]
	γ	0.995 (0.148) [0.148]	1.006 (0.139) [0.139]	0.843 (0.841) [0.855]
	λ	0.486 (0.058) [0.060]	0.414 (0.131) [0.157]	0.530 (0.212) [0.214]

表 3.8 错误设定的起始期（SGMM 估计）

$m=100$			$\rho=0.5$	$\rho=-0.9$	$\rho=0.9$
$R=20$, $T=3$	ρ		0.500 (0.042) [0.042]	−0.900 (0.008) [0.008]	0.889 (0.092) [0.092]
	β		1.999 (0.097) [0.097]	2.014 (0.083) [0.084]	1.981 (0.404) [0.404]
	γ	(3.73)	1.008 (0.270) [0.270]	0.994 (0.223) [0.222]	0.951 (0.887) [0.887]
		(3.84)	0.918 (0.825) [0.828]	1.161 (1.759) [1.765]	0.968 (1.907) [1.905]
	λ		0.474 (0.113) [0.116]	0.468 (0.114) [0.118]	0.361 (0.158) [0.211]
$R=40$, $T=7$	ρ		0.450 (0.016) [0.016]	−0.900 (0.003) [0.003]	0.891 (0.038) [0.040]
	β		2.003 (0.056) [0.05]	2.013 (0.049) [0.051]	2.000 (0.225) [0.225]
	γ	(3.73)	1.003 (0.156) [0.156]	0.997 (0.133) [0.133]	1.058 (0.369) [0.373]
		(3.84)	1.030 (0.467) [0.468]	1.086 (1.172) [1.173]	1.099 (0.784) [0.790]
	λ		0.495 (0.034) [0.034]	0.495 (0.031) [0.031]	0.436 (0.074) [0.098]

通过表 3.7 和表 3.8 的结果可以看出，模拟结果与 Su 和 Yang（2015）研究的结果是类似的，固定效应模型对于起始期值的设定并不敏感。当 $\rho=-0.9$ 时，QMLE 估计对于 λ 的估计值存在一定程度的向下偏误，SGMM 估计对于 $(\rho,\lambda)'$

的有限样本表现优于 QMLE 估计。对于 β' 的估计，有限样本下 QMLE 估计表现更优。对于 γ 的估计，两种方法差距不大。当 $\rho=0.9$ 时，这两种估计方法的有限样本表现都很差，但 SGMM 估计表现相对好一点，特别是对于 $(\rho,\beta')'$ 的估计。

通过对动态短面板空间误差模型的研究，给出了该模型的三步 SGMM 估计方法。在 QMLE 估计方法中，初始观测值 y_0 被看作是内生的，通过逼近方法来充分有效利用 y_0 的信息构建似然函数；在 SGMM 估计方法中，y_0 被看作是外生的，因此可以利用差分项与水平值构建矩条件进行估计。为了比较不同情形下这两种估计方法的有限样本表现，设计了相应的蒙特卡洛仿真模拟实验。

通过仿真模拟实验得出，QMLE 估计方法相对更能够充分利用初始观测值 y_0 的信息，在一般情况下，该估计的有限样本表现更优一点。但是在存在单位根、起始期设定错误的情形下，SGMM 估计对于自回归参数 $(\rho,\lambda)'$ 的估计值要优于 QMLE 估计。QMLE 估计对于起始期 m 的设定并不敏感。若是起始期存在设定错误时，SGMM 估计的有限样本表现不如 QMLE 估计；但若是自回归系数趋近单位根，$(\rho,\gamma,\lambda)'$ 的 SGMM 估计较为精确，β' 的 QMLE 估计较为精确。

上述研究对于实证研究者具有重要的意义。对实证研究者的建议是，当确定起始期 m 后，先利用 QMLE 方法进行估计，若 $\hat{\rho}$ 较小，则选用 QMLE 的估计结果；否则，进一步选用 SGMM 估计方法得到自回归参数 $(\rho,\gamma,\lambda)'$ 的更精确的估计结果。

3.4 本章小结

当变量中存在空间依赖性时，采用一般的模型无法处理空间位置上的空间互动效应，因此，本章研究了当变量在空间上存在依赖性时，下文实证研究中所用到的相关空间面板模型，并对动态短面板空间误差模型进行了研究。

对于空间面板模型：首先，对于空间数据、空间权重矩阵及空间相关性检验进行了回顾；其次，对于空间静态面板模型的估计与相关检验进行了研究，并给出模型的直接效应与间接效应及空间模型中随机效应与固定效应的检验；最后，研究空间动态面板模型，给出了空间动态模型的分类与不同模型的估计方法。

对动态短面板空间误差模型进行研究，这也是本章的创新，主要做了以下的工作：第一，对模型进行说明并给出了 QMLE 估计方法。第二，给出动态短面板空间误差模型的 SGMM 估计步骤。第三，设计相应的蒙特卡洛实验来考察在不同情形下 QMLE 估计与 SGMM 估计的有限样本表现的优劣，并对实证研究者应用此模型给出了建议。对于实证研究者，当模型的起始期确定后，先进行 QMLE 估计，若滞后项的系数较小，则直接利用 QMLE 的估计结果；否则，再次利用 SGMM 估计得到更为精确的关于自回归参数的估计结果。

第四章 新型城镇化与经济增长效应

4.1 引　言

自改革开放以来，依靠投资、消费和出口"三驾马车"的拉动，中国经济保持了多年的高速增长。2015 年，中国名义国内生产总值（GDP）达到 67.7 万亿元，是世界第二大经济体。但随着全球经济放缓、发达国家贸易保护主义和东南亚各国对中国劳动密集型产业的替代，中国的出口面临严峻的挑战。中国 GDP 增长率下降到 6.7% 左右，"扩内需"成为稳定经济增长的重要手段。李克强总理指出："城镇化是我国最大的内需潜力和发展动能所在。"城镇化建设被提高到了稳定经济增长的战略新高度。但过去"摊大饼"、粗放式的城镇化发展模式，对生态环境造成了严重破坏，如近年来北方频发的严重雾霾，提高了居民对环境保护和生活质量的重视程度。国家也强调重视环境保护、居民生活质量提升和产业结构升级等新型城镇化的发展理念。因此，构建新型城镇化综合评价指标，研究新型城镇化与经济增长的关系，对于稳定经济增长，提升居民生活质量具有重要意义。

目前，关于城镇化与经济增长的研究虽取得了显著的成果，但仍然存在一些不足：第一，多数学者将人口城镇化率或土地城镇化率作为衡量城镇化的指标，没有系统衡量新型城镇化水平的指标；第二，没有将空间与时间关联结合起来考察它们两者的关系；第三，由于样本数据的时间跨度比较短，若忽略起始值直接利用传统空间面板模型将导致估计偏误。因此，在原有的研究上进行了以下几点创新：第一，从经济、社会、人口及环境 4 个维度构建了新型城镇化的综合评价指标;第二,在 Solow 增长模型的基础上,扩展包含城镇化质量的理论模型;第三,给出了空间动态误差模型的估计方法,在充分考虑新型城镇化质量对经济增长的"时间—空间"关联的基础上,利用动态短面板空间误差模型研究新型城镇化的质量对经济增长的影响。

4.2 理论基础与变量选择

4.2.1 理论模型与实证模型

(1) 理论模型

通过在增长模型收敛的基础上,在 Mankiw 等研究的基础上加入城镇化指标。按照增长理论的基本假设,厂商行为利用常见的 CD 函数刻画:

$$Y(t)=(Z(t))^{\xi}(K(t))^{\alpha}(H(t))^{\beta}(A(t)L(t))^{1-\alpha-\beta}。 \tag{4.1}$$

其中,Y 代表产出,K 代表物质资本,H 衡量人力资本,A 衡量技术水平,L 则代表劳动力水平。假定技术及劳动力的增长率分别是 r、n,物质、人力资本及城镇化水平的储蓄率分别为 s_k、s_h、s_z。假定所有的折旧率都是 δ,$y=Y/AL$,$h=H/AL$,$z=Z/AL$。在 Solow 增长模型的基础上,得到如下运动方程:

$$\dot{k}=s_k k^{\alpha} h^{\beta} z^{\xi}-(n+\gamma+\delta)k, \tag{4.2}$$

$$\dot{h}=s_k k^{\alpha} h^{\beta} z^{\xi}-(n+\gamma+\delta)h, \tag{4.3}$$

$$\dot{z}=s_k k^{\alpha} h^{\beta} z^{\xi}-(n+\gamma+\delta)z。 \tag{4.4}$$

对式 (4.2)、式 (4.3)、式 (4.4) 进行整理,得到人均产出 $\tilde{y}=Y/L$ 的均衡方程:

$$\ln\tilde{y}=\ln\left(\frac{Y}{L}\right)=\ln A+gt+\frac{\alpha}{\psi}\ln s_k+\frac{\beta}{\psi}\ln s_h+\frac{\xi}{\psi}\ln s_z- \\ \frac{\alpha+\beta+\xi}{\psi}\ln(n+\gamma+\delta)。 \tag{4.5}$$

其中,$\psi=1-\alpha-\beta-\xi$。在均衡条件下,$\frac{d\ln\tilde{y}}{dt}=v(\ln\tilde{y}^*-\ln\tilde{y})$,其中,$v=\psi(n+\gamma+\delta)$,则:$\ln\tilde{y}(t)=(1-e^{-vt})\ln\tilde{y}^*+e^{-vt}\tilde{y}(0)$,带入式 (4.5) 有:

$$\ln\widetilde{y}(t) - \ln\widetilde{y}(0) = (1-e^{-vt})\frac{\alpha}{\psi}\ln s_k + (1-e^{-vt})\frac{\beta}{\psi}\ln s_h + (1-e^{-vt})\frac{\xi}{\psi}\ln s_z$$
$$-(1-e^{-vt})\ln y(0) - (1-e^{-vt})\frac{\alpha+\beta+\xi}{\psi}\ln(n+\gamma+\delta) + (1-e^{-vt})(\ln A(0) + \gamma t)。$$

(4.6)

将人均产出的增长率记为 g，在式（4.6）的基础上得到收敛方程：

$$g = \alpha_i\ln(y) + \beta_1\ln(n+\gamma+\delta) + \beta_2\ln s_k + \beta_3 + \beta_4\ln s_z + \beta_5\ln s_h。 \quad (4.7)$$

从式（4.7）可以看出，城镇化质量指标对经济增长率存在直接效应。

（2）空间面板模型

为了确定选用空间计量方法还是标准计量方法，需要考虑经济增长水平是否存在空间依赖性，因此需要对所选数据进行探索性分析。探索性空间数据分析主要有两种方法：第一种是全局空间自相关，利用莫兰指数 I 及吉尔里指数 C 考察整个空间的集聚情况；第二种是局部自相关，通过局部莫兰指数 I、G 指数及 LISA 分析某个区域的空间情况。

莫兰指数 I 衡量了空间的依赖关系：I 值为 $-1 \sim 1$，I 值大于 0 表示空间正相关关系，小于 0 表示空间负相关关系，接近 0 表示不存在空间相关关系。选用上文定义的莫兰指数 I 衡量经济增长水平是否存在空间相关性，即：

$$I = \frac{n\sum_{i=1}^{n}\sum_{j=1}^{n}w_{ij}(x_i - \bar{x})(x_j - \bar{x})}{\sum_{i=1}^{n}(x_i - \bar{x})^2 \sum_{i=1}^{n}\sum_{j=1}^{n}w_{ij}}。 \quad (4.8)$$

其中，n 代表区域的个数，x_i 与 x_j 代表区域 i 与区域 j 的观测值，$\bar{x}$ 代表样本均值，w_{ij} 代表空间权重矩阵中的元素。

在存在空间效应的基础上，选取空间动态误差模型研究新型城镇化对经济增长的影响。动态短面板空间误差模型不仅可以衡量经济增长水平的动态效应，且由于时间跨度比较短，还可以通过此模型确定起始期的值。因此在式（4.7）的基础上，得到具体模型如下：

$$y_{it} = \rho y_{it-1} + x_{it}\beta + z\gamma + u_{it}。 \quad (4.9)$$

其中，$u_{it} = \mu_i + v_{it}$，$v_{it} = \lambda \boldsymbol{W}_n v_{it} + \varepsilon_{it}$，$t = -m, \cdots, 0, \cdots, T$；$y_t$ 代表经济增长速度；y_{t-1} 代表经济增长速度的滞后一期的值；x_t 是自变量，代表新型城镇化变量、初期收入的对数、修正的人口增长率的对数、储蓄率的对

数及教育经费占比的对数；z 衡量截距项的值；$\boldsymbol{W}_n$ 是地理空间距离权重矩阵；$\omega_{ij} = \begin{cases} 1/d^2, & i \neq j \\ 0, & i = j \end{cases}$，其中，$d$ 为区域 i 地理位置中心到区域 j 地理位置中心的距离，i 代表不同的省份。

为了检验结论的一致性，引入空间误差模型，设定如下：

$$y_{it} = x'_{it}\beta + \mu_i + \lambda_t + \varepsilon_{it}, \tag{4.10}$$

$$\varepsilon_{it} = \delta \sum_{j=1}^{N} \omega_{ij}\varepsilon_{jt} + v_{it} \, 。 \tag{4.11}$$

其中，残差项 ε_{it} 服从含空间权重矩阵的自回归过程，δ 是其系数。

为了避免冗余参数的问题，运用一阶差分的方法消除固定效应：

$$\Delta y_t = \rho \Delta y_{t-1} + \Delta x'_t \beta + \Delta u_t, \quad \Delta u_t = R_n^{-1}(\lambda)\Delta \varepsilon_t \, 。 \tag{4.12}$$

其中，$t = 2, 3, \cdots, T$。式（4.12）在 $t=1$ 处是没有定义的，因为 Δy_1 依赖于 Δy_0 的取值，而 Δy_0 是无法观测的。因此，即使初始观测值 y_0 是外生的，也无法基于 Δy_0 来构建相应的似然函数。为了解决这一问题，Su 和 Yang 给出了对于 Δy_1 做近似处理的办法，把 Δy_1 分解为内生部分和外生部分，利用 $\widetilde{\Delta x} = (\iota_n, \Delta x_1, \Delta x_2, \cdots, \Delta x_T)'$ 作为 Δy_1 中内生部分的最优预测变量。利用下式来构建相应的似然函数：

$$\Delta \boldsymbol{Y}^+(\rho) = \begin{pmatrix} \Delta y_1 \\ \Delta y_2 - \rho \Delta y_1 \\ \vdots \\ \Delta y_T - \rho \Delta y_{T-1} \end{pmatrix}, \tag{4.13}$$

$$\Delta \boldsymbol{X}^+(\rho) = \begin{pmatrix} \Delta x_1 & \widetilde{\Delta x} \\ \Delta x_2 & 0 \\ \vdots & \vdots \\ \Delta x_T & 0 \end{pmatrix} 。 \tag{4.14}$$

Su 和 Yang 给出了 QMLE 估计的一致性证明与估计量的渐近分布，并给出了关于似然函数中行列式、方差-协方差矩阵逆的简单计算方法。

Su 和 Yang 给出了基于 Δy_1 的 QMLE 估计方法。但是，对模型进行一阶差分后的模型式（4.12），不随时间变化的解释变量 z 就被消去了，因此无法得到关于 γ 的估计量。由于已经得到了关于 $(\hat{\rho}, \hat{\lambda}, \hat{\beta}')'$ 的 QMLE 估计，则基于水平值方程：

$$y_t - \hat{\rho} y_{t-1} - x_t'\hat{\beta} = z\gamma + u_t。 \quad (4.15)$$

其中，$t=1, 2, \cdots, T$。令 $\hat{d} = y_t - \hat{\rho} y_{t-1} - x_t'\hat{\beta}$，$R_n(\hat{\lambda})$ 表示进行 Cochrane-Orcutt 变换消除扰动项中存在的空间关联，得到：

$$R_n(\hat{\lambda}) \hat{d} = R_n(\hat{\lambda}) z\gamma + R_n(\hat{\lambda}) \mu + \varepsilon_t。 \quad (4.16)$$

基于式（4.16），得到系数 γ 估计的表达式：

$$\hat{\gamma} = (z^T R_n'(\hat{\lambda}) R_n(\hat{\lambda}) z)^{-1} (z^T R_n'(\hat{\lambda}) R_n(\hat{\lambda}) \hat{d})。 \quad (4.17)$$

4.2.2 数据来源

新型城镇化指标利用第三章建立的评价指标体系，其他的指标：经济增长速度（g）由人均 GDP 的增长率衡量，以 2000 年作为基期，利用 GDP 平减指数计算真实的 GDP，然后除以各省份的就业人数得到人均真实 GDP，进而计算得到每个省份的人均 GDP 的增长率；$\ln(y)$ 代表初期收入，对人均 GDP 取对数得到；$\ln(n+\gamma+\delta)$ 代表修正的人口增长率，其中，δ 表示资本折旧率，γ 表示技术的进步率，δ 与 γ 的取值参考了徐现祥等人的取值方法，取 $\gamma+\delta=0.1$，n 为人口增长率；$\ln save$ 代表储蓄率，利用固定资本的投资额与 GDP 的比值得到；$\ln edu$ 用来衡量人力资本，是教育经费与 GDP 的比值取对数。考虑到数据的准确性及可得性，最终选取了中国 30 个省份 2004—2014 年的数据。表 4.1 给出了所用变量的描述及值，数据来源于 Wind 数据库、《中国统计年鉴》、统计局官方网站及《中国科技统计年鉴》。

表 4.1 所用变量描述及值

变量	描述	均值	标准差	最小值	最大值
g	经济增长率	10.1%	6.2%	16.8%	49.0%
URBAN	新型城镇化	0.343	0.023	0.296	0.422
$\ln(y)$	人均 GDP 的对数	0.737	0.605	−0.903	2.030
$\ln(n+\gamma+\delta)$	修正的人口增长率的对数	−2.246	0.209	−4.396	−1.270
$\ln save$	储蓄率	−0.537	0.326	−1.372	0.217
$\ln edu$	人力资本	−2.953	0.281	−3.606	−2.163

4.3 新型城镇化对经济增长的影响——基于空间动态误差模型的研究

4.3.1 探索性空间分析与实证研究

(1) 经济增长率的探索性空间分析

表4.2列出了通过莫兰指数 I 计算的全局相关性分析结果。可以得出,莫兰指数 I 在每个年份都是正值且在5%显著水平上都是显著的,说明经济增长存在着空间正相关性。

表4.2 经济增长的探索性空间分析结果

年份	2004	2005	2006	2007	2008	2009	2010	2011	2012	2013	2014
I 值	0.154	0.149	0.156	0.168	0.184	0.181	0.187	0.200	0.165	0.150	0.145
P 值	0.029	0.032	0.027	0.023	0.018	0.019	0.017	0.013	0.030	0.040	0.046

(2) 空间动态误差模型的实证分析

在进行QMLE估计之前,首先要确定起始期 m 的值。由于城镇化被官方首次采用是在2000年,因此本章选取 m 的值为4。表4.3给出了QMLE的估计结果。经济增长率的滞后一期对当期增长率存在显著的正影响,大小为0.28,与1相比仍然较小,说明QMLE估计方法是可信的。新型城镇化对经济增长有显著的促进作用,高达1.173,即新型城镇化每提高1%,经济增长率提高1.173%。初期收入对经济增长率的影响值为−0.092,这符合收敛的条件,也表明初期收入越高,经济增长率相对比较慢;修正的人口增长率的对数促进了经济增长率的增长,其值为0.029;储蓄率及教育经费的GDP占比的对数都对经济增长存在正的影响,只有储蓄率在10%显著水平上是显著的。扰动项中空间关联项的系数估计值是显著的,表明存在显著的空间效应,选用空间模型是合适的。

从分区域的回归结果可以得出:新型城镇化对东中西部都有显著的正的影响,且影响值都在1以上,对中西部的影响更大,大于1.4,这表明应该加大东中西部的城镇化质量,同时更加注重中西部地区的新型城镇化建设;初期收入对东中西部的经济增长率存在显著的负影响，对东部区域的影响更大，因此需要协调发展东中西部的经济收入水平，进一步提高中西部地区的收入水平；修正的人口增长率显著促进了中部地区经济增长率，人口增长率 n 越大，$\ln(n+\gamma+\delta)$ 的值也越大，因此，人口增长率越大越有助于中部经济增长率的提升；修正的人口增长率对东西部地区的经济增长率的影响不显著，这表明修正的人口增长率对东中西部地区的影响不同，应该更加注重增加中部地区的人口数量；储蓄率只对东部地区的经济增长率存在显著的正影响，储蓄率越大，即 $\ln save$ 的值越大；教育经费的 GDP 占比的对数对东中西部地区的经济增长率影响都不显著，这可能与中国高学历人才流动性较强有关；扰动项中空间关联项系数估计值对东中西部地区都是显著的，表明存在显著的空间效应，选用空间模型是合适的。对东中西部地区，经济增长率的滞后一期的值对当期经济增长率存在显著的正影响，且中西部地区经济增长率的滞后一期的值对当期值的影响比较大，进一步表明需要均衡发展东中西地区的经济。具体见表 4.3。

表 4.3 空间动态误差模型回归结果

变量	全国数据	东部地区	中部地区	西部地区
URBAN	1.173*** (5.136)	1.016*** (3.537)	1.458*** (4.031)	1.411*** (3.368)
$\ln(y)$	−0.092*** (−4.460)	−0.134*** (−3.908)	−0.082** (−2.449)	−0.089*** (−2.502)
$\ln(n+\gamma+\delta)$	0.029* (1.899)	−0.003 (−0.099)	0.135*** (3.989)	0.015 (0.627)
$\ln save$	0.052* (1.966)	0.109*** (3.041)	0.011 (0.253)	0.024 (0.434)
$\ln edu$	0.024 (0.742)	0.049 (1.137)	−0.032 (−0.538)	0.059 (0.964)
CON(−1)	0.280*** (9.257)	0.017*** (34.383)	0.384*** (21.525)	0.353*** (5.058)
λ	0.347*** (8.918)	0.340*** (7.303)	0.182*** (24.877)	0.190*** (27.811)
constant	−0.100*** (−16.810)	0.103*** (9.364)	−0.172*** (−22.220)	−0.149*** (−16.910)

（ ）：t 统计量的值；***、**、*：1%、5%、10%水平显著，后同。

4.3.2 稳健性检验

为了检验模型的相对稳定性,表 4.4 给出了空间误差模型回归结果。可以看出,新型城镇化($URBAN$)、人均 GDP 的对数 $\ln(y)$、修正的人口增长率 $\ln(n+\gamma+\delta)$、储蓄率($\ln save$)及人力资本($\ln edu$)对全国及东中西部地区经济增长率的影响,虽然与表 4.3 数值不完全一致,但是与表 4.3 中的符号及显著性是一致的。新型城镇化对全国及东中西部地区经济增长率的影响都是显著的正值,其他变量也与利用空间动态误差模型得出的结果及显著性一致。因此,利用空间动态面板模型得出的新型城镇化($URBAN$)对经济增长率影响的结论是稳定的。

表 4.4 空间误差模型回归结果

变量	全国数据	东部地区	中部地区	西部地区
$URBAN$	0.464*** (3.578)	0.575*** (3.154)	1.288*** (5.629)	0.423* (1.900)
$\ln(y)$	−0.031*** (−3.695)	−0.037*** (−3.299)	−0.068*** (−3.302)	−0.017 (−0.73)
$\ln(n+\gamma+\delta)$	0.0020 (0.142)	0.0130 (0.549)	0.1390*** (4.944)	0.0004 (0.015)
$\ln save$	0.034*** (3.187)	0.027** (1.967)	−0.076 (−0.076)	−0.039 (−0.884)
$\ln edu$	0.004 (0.305)	0.011 (0.609)	−0.007 (−0.208)	0.010 (0.350)
$constant$	0.539*** (8.156)	0.248*** (2.498)	0.019 (0.162)	0.265** (2.290)

4.4 本章小结

基于 2004—2014 年中国 30 个省份的数据,利用熵权法构建新型城镇化的综合评价指标体系,利用动态短面板空间误差模型的 QMLE 估计方法研究了新型城镇化对经济增长的影响。实证研究表明如下。

第一,扰动项中空间关联项系数对全国及区域的估计值都显著且小于 1,表明各省份经济增长率存在显著的空间效应。

第二，新型城镇化建设对经济增长有显著的促进作用，新型城镇化指标每提高1%，经济增长率提高1.173%。分区域研究发现，新型城镇化对东中西部地区的影响值分别为1.016、1.458、1.411，对中西部地区的影响更大。

第三，初期收入对东部地区的影响较大；修正的人口增长率对经济增长存在显著的正的影响，分区域而言，修正的人口增长率显著促进了中部地区的经济增长率；教育经费的GDP占比对经济增长的影响不显著，这与中国高学历人才流动性较强有关。

通过以上结果分析，为了提高中国的经济增长水平，提出以下几点建议。

第一，提高各省份的协同发展力度，充分发挥空间间接效应。研究发现，中国各省份之间的经济发展存在显著的空间间接效应，一个省份的发展对周边省份有明显的带动效应。在宏观层面，应该重视高铁、高速公路等基础设施建设，以城市群为目标，促进各地区的协调发展。各省份应当依托其资源禀赋，大力发展优势产业，参与到城市群的大的协同分工网络中，放弃地方保护主义观念，促进人才和资本的自由流动，共享大城市群发展的红利。

第二，因地施策推进新型城镇化建设。新型城镇化建设对经济增长有显著的促进作用，由于地区发展不平衡，城镇化的发展阶段也不一样，因此制定政策时要因地施策，避免"一刀切"的做法。东部地区城镇化水平较高，对经济发展的边际贡献相对较小，应当更加重视城镇化的发展质量，大力推进生态结构建设、产业结构升级，提高居民的公共生活质量；中西部地区城镇化水平较低，对地区经济的拉动作用强，应该加大政策支持力度，加快城镇化建设工作，提高当地居民的收入水平。

第五章 新型城镇化与居民消费

自改革开放以来，中国经济保持高速发展，2014 年，中国成为世界第二大经济体，但居民消费率一直比较低，2014 年的居民消费率为 37.3%，2004—2014 年的居民消费率平均为 35.1%，远低于世界 70% 的平均水平，消费对经济增长的贡献相对较小。因此，分析中国消费水平低的原因，并找到提高消费水平的方法，对于解决中国居民消费不足、扩大内需具有重要意义。

5.1 引 言

消费水平的提高受到多种因素的影响，其中包含城镇化水平、人口年龄结构等。城镇化是扩大内需、逐步实现由出口主导向消费主导转变的关键。自改革开放以来，伴随着经济的高速增长和城乡劳动力的自由流动，更多的居民从农村转移到城市，并且在城市定居，城镇化水平不断提高。数据显示，1990 年居住在城市的人口占总人口的比例为 26.41%，2015 年增长到 56.10%。十八届三中全会强调了提高城镇化水平的重要性，城镇化在促进经济增长的同时，也可能对消费带来意想不到的影响。不仅城镇化，人口年龄结构的变化也会对消费的变化有影响。自 1982 年以来，中国居民的年龄结构发生了重大变化，老龄化现象在逐年加剧。自 2000 年以来，中国人口年龄结构的特征以"未富先老""快速老龄化"为主，这种特征已经成为中国经济社会发展的新常态。截至 2015 年年底，中国 65 岁及以上年龄的人口占比为 10.5%，首次突破 10%，老年抚养比达到了 14.6%。不同年龄人群的消费能力不同，中国社会老龄化的特点也会对消费水平的变化有着特殊的影响。因此，研究城镇化、人口年龄结构的变化对消费水平的影响并提出相关政策建议具有重要意义。

2015年，中国GDP达到67.7万亿元人民币，是世界第二大经济体。但随着国际政治经济环境日趋复杂，国内经济结构严重失衡，过去依靠"三驾马车"拉动经济增长的模式已不可持续，"扩内需、调结构"成为新的经济增长引擎。李克强总理指出："城镇化是我国最大的内需潜力和发展动能所在。"城镇化建设被提高到了稳定经济增长的战略高度。但过去"摊大饼"、粗放式的城镇化发展模式，对城市环境、居民生活质量等方面产生了负面的影响，未来更加需要推进新型城镇化建设，更加重视城镇化建设的质量。2015年，中国的消费对经济增长的贡献达66.4%，消费成为拉动经济增长的一大亮点。因此，构建城镇化质量综合评价指标，研究城镇化质量与居民消费的关系具有重要意义。

5.2 城镇化与人口年龄结构对居民消费的影响——基于空间杜宾模型的实证分析

关于城镇化与人口年龄结构对居民消费的影响已经有了大量的研究，主要通过横截面模型、静态及动态面板等模型进行研究，且结论也各不相同。目前，将城镇化与人口年龄结构结合起来，研究其对消费影响的文章相对较少，且大多数文章都没有考虑到空间差异，因此有必要进一步研究城镇化与人口年龄结构对居民消费的影响。本章的创新之处在于：一是将城镇化与人口年龄结构（CDR与ODR）同时加入消费模型，研究其对居民消费的共同影响；二是通过空间探索性分析与空间模型检验，选取空间杜宾模型研究两者对居民消费的影响，并研究空间间接效应对消费的影响；三是选用两种不同的权重矩阵，使研究结果更加稳健。

通过最大效应理论推出了消费变量与其他变量之间的理论关系，利用空间面板模型进行研究。传统计量经济学假设地理空间是均质的，而空间计量经济学抛弃了这一假设，考虑到了地理空间上的交互影响。因此，空间计量模型可以对数据进行更真实的模拟。

5.2.1 理论模型与空间计量模型

（1）理论模型

根据最大效应理论，理性的人会平滑自己一生的收入，在年轻的时候工作并储蓄，老年时的储蓄则为负的，此时，老年人消费自己在年轻时储蓄的财富。假设某地年轻人、少儿及老年人口数分别为 Y、Z、Q（图 5.1）。

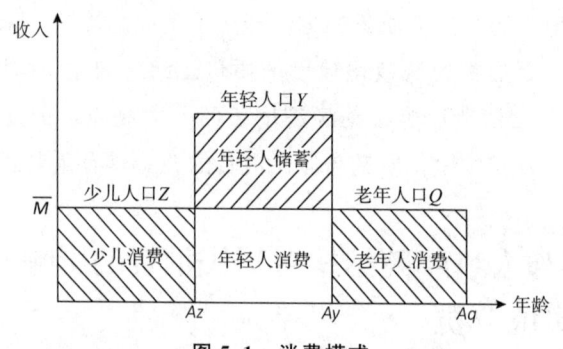

图 5.1 消费模式

为了简化计算，假设这 3 个阶段的人均年消费是一样的，记为 $\overline{M}$，同时假定只有年轻人通过劳动获得收入，其年均收入记为 M，年轻人的收入除了自身进行消费外，其余的都储蓄起来，当年储蓄率记为 r，则：

$$Y(M-\overline{M})(1+r)=(Z+Q)\overline{M}。 \tag{5.1}$$

若当年的价格是 P，年人均消费量为 C，则 $\overline{M}=PC$，将少儿抚养比 $\varphi_z=\dfrac{Z}{Y}$、老年抚养比 $\varphi_Q=\dfrac{Q}{Y}$ 代入式（5.1）得：

$$Y(M-PC)(1+r)=(Z+Q)PC， \tag{5.2}$$

对式（5.2）整理得：

$$c=\dfrac{M}{P\left[\dfrac{\varphi_z+\varphi_Q}{1+r}+1\right]}。 \tag{5.3}$$

通过式（5.3）得到：少儿抚养比、老年抚养比、物价水平对消费有负作用，收入与利率对消费有正作用。

在前文基础上加入城镇化因素，构建消费的函数：
$$C = f(\varphi_Z, \varphi_Q, M, P, r, U)。 \tag{5.4}$$
其中，U 代表城镇化因素的影响，通过前文分析，提出少儿抚养比及老年抚养比对消费水平有负作用的假定。

(2) 探索性空间数据分析

为了确定选用空间计量还是选用标准计量方法，需要考虑消费水平是否存在空间依赖性，因此需要对所选数据进行探索性空间数据分析。探索性空间数据分析主要有两种方法：第一种是全局空间自相关，利用莫兰指数 I 及吉尔里指数 C 考察整个空间的集聚情况；第二种是局部自相关，通过局部莫兰指数 I、G 指数及 LISA 分析某个区域的空间情况。

莫兰指数 I 衡量了空间的一种依赖关系：I 值一般为 $-1 \sim 1$，I 值大于 0 代表存在空间正相关关系，小于 0 表示存在空间负相关关系，接近 0 代表不存在空间相关关系。选用莫兰指数 I 的值衡量消费水平是否存在空间相关性，具体定义为：

$$I = \frac{n \sum_{i=1}^{n} \sum_{j=1}^{n} w_{ij}(x_i - \bar{x})(x_j - \bar{x})}{\sum_{i=1}^{n}(x_i - \bar{x})^2 \sum_{i=1}^{n} \sum_{j=1}^{n} w_{ij}}。 \tag{5.5}$$

其中，n 代表区域的个数，x_i 与 x_j 代表区域 i 与区域 j 的观测值，$\bar{x}$ 代表样本均值，w_{ij} 代表空间权重矩阵中的元素。

(3) 空间权重矩阵设定

空间权重矩阵可以衡量变量在区域上的空间关联，权重矩阵的选取至关重要，本章衡量了两种不同的权重矩阵。第一种，W_1 也是最常用的 0 与 1 矩阵，若两个样本地理位置相邻，则认为两者是空间相关的，赋值为 1，其他情况认为空间不相关，赋值为 0，即 $\omega_{ij} = \begin{cases} 1, & i \text{ 与 } j \text{ 相邻} \\ 0, & i \text{ 与 } j \text{ 不相邻} \end{cases}$；第二种，$W_2$ 是地理空间距离权重矩阵，由于所有事物之间都存在着联系，距离较近事物的联系比距离较远事物的联系要大（地理学第一定理），因此，$\omega_{ij} = \begin{cases} 1/d^2, & i \neq j \\ 0, & i = j \end{cases}$，其中，$d$ 为一个区域地理位置中心到另外一个区域地理位置中心的距离。

(4) 空间面板模型

通过莫兰指数 I 检验空间关系后建立模型，主要有以下几种模型，若模型中不考虑空间效应，则设定如下：

$$y_{it} = x'_{it}\beta + \mu_i + \lambda_t + \varepsilon_{it}。 \tag{5.6}$$

其中，y 表示居民消费水平；x 表示被解释变量，即城镇化、人口年龄结构、人均收入水平、城乡收入差距、通货膨胀率；μ_i 与 λ_t 分别表示个体效应、时间效应。为了考虑空间交互效应，引入含空间效应的面板模型，首先考虑空间滞后模型，设定如下：

$$y_{it} = \delta \sum_{j=1}^{N} w_{ij} y_{it} + x'_{it}\beta + \mu_i + \varepsilon_{it}。 \tag{5.7}$$

其中，w_{ij} 是 W_1 或 W_2 权重矩阵中的元素，代表消费水平在空间上的联系；δ 是空间自回归过程的系数。

空间误差模型设定如下：

$$y_{it} = x'_{it}\beta + \mu_i + \lambda_t + u_{it}, \tag{5.8}$$

$$\varepsilon_{it} = \delta \sum_{j=1}^{N} w_{ij} \varepsilon_{it} + v_{it}。 \tag{5.9}$$

其中，残差项服从一个含空间权重矩阵的自回归过程，δ 是其系数。

LeSage 等认为解释变量之间可能存在空间关联，由此提出了空间杜宾模型，具体形式如下：

$$y_{it} = \delta \sum_{j=1}^{N} w_{ij} y_{it} + \alpha + x'_{it}\beta + \mu_i + \lambda_t + \theta \sum_{j=1}^{N} w_{ij} X_{ijt} + \varepsilon_{it}。 \tag{5.10}$$

5.2.2 实证分析

（1）数据选取

考虑到数据的正确性及可得性，选取 2004—2014 年中国 31 个省份的数据。表5.1 给出了所用变量的描述及值，数据来源于《中国统计年鉴》及统计局官方网站。

表 5.1 所用变量描述及值

变量	描述	均值	标准差	最小值	最大值
CON	居民消费率	35.1%	63.8%	22.9%	63.1%
CDR	少儿抚养比	24.3%	71.0%	9.6%	44.7%
ODR	老年抚养比	12.3%	2.4%	6.7%	20.3%
UR	城镇化水平	49.7%	14.9%	20.9%	89.6%

续表

变量	描述	均值	标准差	最小值	最大值
$\ln GDP$	人均 GDP 的对数	8.799	1.070	5.369	10.807
CPI	通货膨胀率	3.1%	2.0%	−2.4%	10.1%
GAP	城乡收入差距	2.999	0.592	1.829	4.892

指标的选取：以城镇常住人口占总人口的比例来衡量城镇化水平（UR）；以 65 岁及以上的老人数量与年龄为 15~64 岁的人数之比表示老年抚养比（ODR）；以 15 岁以下的少儿数量与年龄为 15~64 岁的人数之比表示少儿抚养比（CDR）；居民的消费率（CON）则由消费所花金额与 GDP 的比值衡量；对于其他变量，以人均 GDP 进行对数化处理衡量实际人均收入水平（$\ln GDP$）；以 CPI 来衡量通货膨胀率；城乡收入差距（GAP）则利用城镇居民可支配收入与农民纯收入之比来衡量。

（2）探索性空间分析

表 5.2 列出了通过莫兰指数 I 计算的全局相关性分析结果，由于 0 与 1 的相邻权重矩阵最常用，因此，表 5.2 中的结果通过 W_1 得到。可以得出，莫兰指数 I 在每个年份都是正值且在 10% 显著水平上都是显著的，说明居民消费存在着正的空间相关性。

表 5.2 居民消费的探索性空间分析结果

年份	2004	2005	2006	2007	2008	2009	2010	2011	2012	2013	2014
I 值	0.373	0.412	0.385	0.391	0.380	0.301	0.278	0.225	0.186	0.131	0.090
P 值	0.000	0.000	0.000	0.000	0.000	0.001	0.002	0.008	0.020	0.062	0.100

（3）非空间交互效应回归结果及分析

通过非空间交互效应的 4 种模型进行估计，以确定是否选用空间面板模型进行检验，表 5.3 给出了联合 OLS、个体固定效应、时间固定效应及双向固定效应的估计结果。利用 Matlab 软件进行联合 LR 检验选取最佳模型，对于个体固定效应的联合检验，LR 统计量的值为 706.739，对应的概率 P 值为 0.000；对于时间固定效应的联合检验，LR 统计量的值为 171.484，其概率 P 值为 0.000。这两个值都拒绝了原假设（1%拒绝域），最后选择了（个体与时间）双固定效应模型。表 5.3 后 4 行给出了空间滞后项及空间误差项的检验结果，由于通过 LR 检验确定双固定效应模型更适合当前的数据，所以利用双固定效应模型进行判断。通过稳健的 LM 检验，在 1%显著水平上拒绝了没有空间滞后被解释变量及误差项不存在空间自相关的原假设。综上表明，居民消费水平通过了空间计量模型的检验，且通过 LM 检验模型存在空间滞后及空间自相关误差项，因此选取空间杜宾模型进行进一步估计。

表 5.3 非空间交互效应回归结果

决定因素	联合 OLS	个体固定效应	时间固定效应	双固定效应
UR	0.000 04（0.154）	0.000 70*** （4.515）	0.000 40（0.683）	0.000 10（0.466）
GAP	0.070*** （10.60）	0.017** （2.324）	0.078*** （12.503）	0.043*** （6.355）
$\ln GDP$	0.011*** （3.057）	−0.049*** （−10.07）	0.018*** （5.313）	−0.226*** （−13.40）
CPI	−0.200（−1.304）	−0.197*** （−3.047）	0.169（0.434）	−0.117*** （−0.786）
CDR	−0.101** （−2.167）	0.020（0.474）	−0.194*** （−4.312）	−0.013（−0.347）
ODR	0.160（1.202）	−0.383*** （−4.390）	0.182（1.489）	−0.365*** （5.144）
截距	0.057（1.324）			
σ^2	0.0030	0.0005	0.0030	0.0003
R^2	0.276	0.452	0.332	0.464
LM_lag	9.198***	22.190***	23.746***	1.162
$Robust\ LM\_lag$	0.972	17.108***	28.690***	9.817***
LM_error	54.940***	44.531***	7.592***	0.934
$Robust\ LM\_error$	46.716***	39.450***	12.536***	9.589***

在进行空间杜宾模型估计之前,先进行豪斯曼检验以确定空间交互效应是随机的还是固定的。对于 W_1 权重矩阵,豪斯曼检验的值为 -38.161,对应的 $P=0.0003$;对 W_2 权重矩阵,豪斯曼检验的值为 -30.972,对应的 $P=0.0034$。可见,对两种不同权重矩阵,都拒绝了空间交互效应是随机效应的原假设,故选取固定效应空间杜宾模型进行下一步分析。

(4) 空间杜宾模型的选择与分析

表 5.4 给出了两种不同的空间权重矩阵且含有固定效应的空间杜宾模型回归结果,后几行是 Wald 检验与 LR 检验的值。Elhorst 指出,可以通过 Wald 与 LR 统计量进行检验能否将空间杜宾模型转化为空间滞后模型或空间误差模型,具体为:对式(5.9)中的原假设 $\delta=0$ 讨论能否将空间杜宾模型转化为空间误差模型,通过 $\delta+\theta\beta=0$ 讨论能否将空间杜宾模型转化为空间滞后模型,Wald 跟 LR 的值都在 1% 显著水平上显著,因此,含有固定效应的空间杜宾模型更适合本章的估计。

表 5.4 两种空间权重矩阵的空间杜宾模型回归结果

决定因素	空间杜宾模型(W_1)	空间杜宾模型(W_2)
UR	0.0004 (1.430)	0.0003 (1.129)
GAP	0.033*** (4.705)	0.040*** (5.784)
lnGDP	−0.217*** (−13.057)	−0.220** (−13.004)
CPI	−0.057 (−0.379)	−0.063 (−0.371)
CDR	−0.068* (−1.751)	−0.034*** (−0.857)
ODR	−0.319*** (−4.500)	−0.202*** (−2.605)
W*UR	−0.002*** (−4.197)	−0.002** (−2.058)
W*GAP	0.064*** (4.801)	0.091*** (4.075)
W*lnGDP	0.018 (1.164)	0.122** (2.118)
W*CPI	−0.002 (−0.010)	−0.030 (−0.078)
W*CDR	−0.417*** (−5.113)	−0.591*** (−4.098)
W*ODR	−0.145 (−0.950)	−0.079 (−0.458)
W*CON	−0.012 (−0.170)	0.112 (1.255)

续表

决定因素	空间杜宾模型（W_1）	空间杜宾模型（W_2）
R^2	0.935	0.932
Wald_spatial_lag	52.810***	34.703***
Wald_spatial_error	51.361***	37.138***
LR_spatial_lag	56.669***	38.298***
LR_spatial_error	56.282***	40.084***

通过表5.3中的双固定效应模型报告的结果，如少儿抚养比的不显著估计系数-0.013与通过表5.4报告的显著的-0.068及-0.034是有很大的差异；老年抚养比的估计系数-0.365与表5.4的结果-0.319及-0.202都有较大幅度的偏差。又由于通过各种检验都证实空间杜宾模型更适合当前的数据，因此若不考虑空间间接效应，通过表5.3中的双固定效应模型进行估计，结果存在偏差。由于空间模型跟非空间交互效应模型中同一个解释变量所代表的含义不同，因此对不同模型的估计值进行比较没有意义，为了衡量自变量的真实影响及空间间接效应，在空间杜宾模型的基础上，引入直接效应及间接效应的估计值。表5.5分别给出了解释变量对居民消费的直接效应、间接效应及总效应。由于间接效应的存在，表5.4相比表5.5的值发生了一定变化。

表5.5 直接效应、间接效应及总效应结果

变量	直接效应	间接效应	总效应
UR(W_1)	0.0004 (1.466)	-0.0020*** (-4.122)	-0.0012*** (-3.263)
GAP	0.033*** (4.933)	0.062*** (5.153)	0.096*** (7.858)
lnGDP	-0.216*** (-13.326)	0.020 (1.079)	-0.196*** (-8.038)
CPI	-0.056 (-0.363)	-0.001 (-0.005)	-0.053 (-0.251)
CDR	-0.068* (-1.72)	-0.411*** (-4.944)	-0.479*** (-4.801)
ODR	-0.318*** (-4.571)	-0.128 (-0.857)	-0.458*** (-2.780)

续表

变量	直接效应	间接效应	总效应
$UR(W_2)$	0.0003 (1.035)	−0.0020** (−2.060)	−0.0010* (−1.756)
GAP	0.042*** (6.301)	0.105*** (4.000)	0.149*** (5.440)
$\ln GDP$	−0.218*** (−12.341)	0.107* (1.721)	−0.108 (−1.665)
CPI	−0.058 (−0.357)	−0.051 (−0.117)	−0.130 (−0.336)
CDR	−0.045* (−1.636)	−0.667*** (−3.907)	−0.716*** (−3.654)
ODR	−0.199** (−2.539)	−0.104 (−0.564)	−0.314* (−1.675)

表 5.5 中的回归结果对于城镇化，在两种不同空间权重矩阵下都有以下回归结果：城镇化水平对消费有不显著的正的直接效应；城镇化水平对消费有显著的负的间接效应，城镇化水平的提高会降低相邻区域的居民消费。总体而言，城镇化水平与消费之间存在显著的负相关关系，这是由于间接效应的存在，间接效应的作用不可忽略，若忽略空间间接效应，只考虑直接效应则会低估城镇化对消费的影响。

对于人口年龄结构的变化，在两种不同空间权重矩阵下都有以下回归结果：少年抚养比与老年抚养比对消费都有显著的负的直接效应，两者增加都会直接抑制居民消费率的提高，且老龄化对消费的直接效应更大；老年抚养比的间接效应不显著，少儿抚养比的间接效应是显著的负值，这说明，少儿抚养比的增大会减少居民对相邻区域或距离近区域的消费，若是忽略了间接效应，只考虑直接效应会低估少儿抚养比的作用。总体而言，少儿抚养比及老年抚养比跟消费之间都是负相关关系，且影响是显著的，这与我们的假设是一致的。

对于其他变量，在两种不同空间权重矩阵下的回归结果如下：城乡收入差距对消费有正的显著的直接、间接及总的影响作用，说明城乡收入差距的增加不仅对本区域消费有促进作用，而且对相邻区域或距离近区域消费水平的提升有促进作用，若是忽略间接效应，仅利用直接效应去估计则会降低城乡收入差距对消费的影响作用，这可能由于越来越多的人进入城市生活，随着收入的增加及受到原来城市居民消费习惯的影响，他们的消费也会提高；人均收入水平对消费有显著的负的直接影响，人均收入对消费有正的间接效应，但对 W_1 权重矩阵影响不显著,对 W_2 权重矩阵在10%显著水平上显著,人均收入增加会影响距离较近区域的消费水平,对居民消费增长的总效应为负,这一结果与实际并不相符,这可能由于利用国民收入总值代替人均收入水平有一定的差异;通货膨胀率对消费的直接效应与间接效应都不显著,这表明通货膨胀率不是影响消费的主要原因。

5.2.3 结果分析

上述结果表明,城镇化对消费水平提升的直接效应不显著,但城镇化对消费水平有着显著的负的间接效应,即城镇化水平的提升降低了周边区域的消费水平。城镇化为何没有促进消费水平的提升呢?李通屏等利用2010年106个国家的数据得出城镇化与消费水平之间存在二次函数关系的结论,且二次函数的最低点在67.34%处出现,即当城镇化水平率达到67.34%时,城镇化水平的提升有助于消费水平的增长。而2004—2014年中国的城镇化率为49.70%,还没有达到67.34%,所以城镇化率的提升没有促进消费水平的提升。因此,就目前中国的状况而言,还不能把解决消费不足的问题完全寄托在城镇化上。

城镇化水平的提升没有促进消费可能也与中国消费具有滞后性、不完全的城镇化及高房价有关。中国城镇化水平偏低,推动城镇化需要大量投资,如城市的建设、服务业及工业的发展,都需要大量的投资,居民消费滞后于工业及服务业的发展,因此,城镇化水平的提高反而使消费降低了;对城镇化的衡量是通过城市常住人口与总人口的比例进行的,而常住人口中包括许多农村户籍的人口,他们并不是真正意义上的城镇人口,其消费习惯也偏于保守。因此,不完全的城镇化在一定程度上抑制了居民消费;中国城市高居不下的房价占用了居民大多数的收入,而住房费用属于非消费性支出,在一定程度上也影响了居民消费。

5.3 新型城镇化、城乡收入差距对居民消费的影响及区域差异

城镇化建设被提升到稳定经济增长的战略高度。但过去"摊大饼"、粗放式的城镇化发展模式,对城市环境、居民生活质量等都产生了负面的影响,未来推进新型城镇化建设,需要更加重视城镇化建设的质量。2015年,中国的消费对经济增长的贡献达66.4%,消费成为拉动经济增长的一大亮点。通过利用人口城镇化衡量城镇化水平,得到的是城镇化并没有促进消费水平提高的结论,因

此，构建城镇化质量综合评价指标，研究城镇化质量与居民消费关系具有重要意义。

5.3.1 数据选取与来源

考虑到数据的正确性及可得性，选取 2004—2014 年中国 30 个省份的数据。表 5.6 给出了所用变量的描述及值，数据来源于 Wind 数据库、《中国统计年鉴》及统计局官方网站。

表 5.6 所用变量描述及值

变量	描述	均值	标准差	最小值	最大值
CON	居民消费率	35.1%	63.8%	22.9%	63.1%
urban	新型城镇化	0.333	0.038	0.470	0.280
ODR	老年抚养比	12.3%	2.4%	6.7%	20.3%
CPI	通货膨胀率	3.1%	2.0%	−2.4%	10.1%
GAP	城乡收入差距	2.999	0.592	1.829	4.892

居民消费率由最终消费支出与 GDP 的比值衡量；新型城镇化指标通过熵值法确定；城乡收入差距则利用城镇居民的可支配收入与农民纯收入的比值衡量；老年抚养比利用 65 岁及以上的老人数量与年龄为 15~64 岁的人数的比值表示；以 CPI 来衡量通货膨胀率。

5.3.2 计量模型的选取

基于以上变量的选取，选取居民消费率为因变量，研究新型城镇化、城乡收入差距对居民消费率的影响，选择如下的估计模型：

$$y_{it} = x'_{1t}\beta_1 + x'_{2t}\beta_2 + x'_{3t}\beta_3 + \mu_i + \varepsilon_{it} \text{。} \tag{5.11}$$

其中，i 代表省域，t 代表时间变量，y_{it} 代表居民消费率，y_{it-1} 代表消费的滞后一期值，x'_{1t} 代表新型城镇化水平，x'_{2t} 代表城乡收入差距，x'_{3t} 代表通货膨胀率及老年抚养比。

由于居民当期的消费率可能受到过去一期消费率的影响，为了避免模型设定的偏误，引入了消费率的滞后一期值，构建动态面板模型，由于系统 GMM 相对于差分 GMM 的估计不仅相对更加有效，而且可以估计出不随个体变化的外生变量的边际效应，克服了解释变量之间的内生性。因此，最终选取系统 GMM 作为最后的模型，具体的模型设定如下：

$$y_{it} = \rho y_{it-1} + x'_{1t}\beta_1 + x'_{2t}\beta_2 + x'_{3t}\beta_3 + \mu_i + \varepsilon_{it} 。 \quad (5.12)$$

5.3.3 回归结果分析

表 5.7 利用含固定效应和随机效应的面板模型式（5.11）及系统 GMM 模型，从总体上分析了新型城镇化及城乡收入差距对消费率的影响。通过豪斯曼检验，选取含固定效应的静态面板模型进行分析，结果得到：新型城镇化对消费率具有显著的正影响，新型城镇化指标每提升 1 个单位，消费率提升 0.871 个单位；城乡收入差距对消费率有显著的负的影响，城乡收入差距每扩大 1 个单位，消费率减少 0.024 个单位；通货膨胀率对消费率存在显著的负的影响作用；老年抚养比对消费率存在负的影响，但不显著。

表 5.7 总体回归结果

变量	固定效应面板模型	随机效应面板模型	系统 GMM 模型
$CON(-1)$			0.753*** （45.45）
$urban$	0.871*** （4.06）	0.460*** （3.03）	0.100* （1.80）
GAP	-0.024*** （-2.95）	-0.012 （-1.54）	-0.009*** （-4.32）
CPI	-0.002*** （-2.81）	-0.002*** （-2.73）	-0.002*** （-24.88）
ODR	-0.024 （-0.21）	-0.030 （-0.26）	-0.051** （-2.36）
$constant$	0.734*** （7.60）	0.815*** （9.93）	0.142*** （7.06）
豪斯曼检验值	$chi2 = 23.18, P = 0.0007$		

（ ）：z 统计量的值，表 5.8 同。

通过系统 GMM 模型得到：消费率的滞后一期对当期消费率存在显著的正影响，消费率的滞后一期每提高 1 个单位，当期消费率提高 0.753 个单位，说明居民的消费比较稳定；新型城镇化在 10% 显著水平上对消费率存在显著的正影响，新型城镇化水平每提高1个单位，消费率提高0.1个单位；城乡收入差距、通货膨胀率及老年抚养比都对消费率存在显著的负的影响，都抑制了消费水平的提升。

总体而言，利用静态及动态面板模型都能得到：新型城镇化水平对消费率存在显著的正影响，新型城镇化水平促进了消费水平的提升；城乡收入差距与通货膨胀率对消费率存在显著的负的影响，城乡收入差距的扩大及通货膨胀率的提高都抑制了消费水平的提升；老年抚养比对消费率也存在负的影响，这也进一步说明了结论的稳定性。

由于动态面板考虑到消费率滞后一期的影响且影响显著，因此利用动态面板作为最后区域差异比较的模型。表5.8给出了各区域利用系统GMM模型估计的结果。

表5.8 分区域回归结果

变量	东部地区	中部地区	西部地区
$CON(-1)$	0.570*** (5.49)	0.705*** (3.65)	0.849*** (19.46)
$urban$	0.331* (1.69)	0.933 (0.32)	0.445 (0.72)
GAP	-0.026*** (-3.49)	-0.030 (1.00)	-0.008*** (-3.68)
CPI	-0.001*** (-4.50)	-0.002*** (-3.00)	-0.003*** (-8.11)
ODR	-0.282* (-1.70)	-0.416 (-1.46)	-0.059 (-0.13)
$constant$	0.292* (1.68)	0.379 (0.42)	0.058 (0.30)

对于东部地区：消费率的滞后一期对当期消费率存在显著的正影响，消费率的滞后一期每提高1个单位，当期消费率提高0.570个单位；新型城镇化在10%显著水平上对消费率存在显著的正的影响，新型城镇化指标每提升1个单位，消费率提升0.331个单位；城乡收入差距、通货膨胀率及老年抚养比对消费率存在显著的负的影响，都抑制了消费率的提升，其中，城乡收入差距每提高1个单位，消费率降低0.026个单位。

对于中部地区：消费率的滞后一期对当期消费率存在显著的正影响，消费率的滞后一期每提高1个单位，当期消费率提高0.705个单位；新型城镇化对消费率存在显著的正的影响，但不显著；城乡收入差距及老年抚养比都对消费率存在负的影响，但都不显著，说明城乡收入差距及老年抚养比不是造成中部地区消费率低的主要原因；通货膨胀率对消费率存在显著的负的影响。

对于西部地区：消费率的滞后一期对当期消费率存在显著的正影响，消费率的滞后一期每提高1个单位，当期消费率提高0.849个单位；新型城镇化对消费率存在显著的正的影响，但不显著；城乡收入差距及通货膨胀率都对消费率存在显著负的影响；老年抚养比虽然对消费率存在负的影响，但不显著。

综上所述，居民消费率的滞后一期对当期消费率存在显著的正影响，且西部地区的影响最大，其次是中部地区与东部地区，说明居民消费相对比较稳定，且西部地区的居民消费相对更稳定；城镇化质量对消费率有正的影响，但只对东部地区有显著的影响；城乡收入差距对消费率有显著的负的影响，且区域影响存在差异；城乡收入差距对东西部地区消费率影响显著，中部地区不显著，且城乡收入差距对东部地区的影响作用更大；老年抚养比对消费率的影响是负的，但只对东部地区的影响显著，其他地区不显著。

5.4 本章小结

基于2004—2014年中国30个省份的数据，本章主要做了以下工作。

第一，基于空间杜宾模型研究了城镇化及人口年龄结构对居民消费的影响。研究结论：城镇化对消费有正的直接效应，但具有显著的负的间接效应，城镇化的提升会降低相邻或距离比较近区域的消费，若是不考虑间接效应，只考虑直接效应则会低估城镇化的作用；城镇化水平的提升没有促进消费，这可能与中国城镇化率还没有达到拐点、消费具有滞后性、不完全的城镇化及高房价有关。少儿抚养比对居民消费的直接效应、间接效应及总效应都是显著的负值，即少儿抚养比的增加不仅降低了本省域的消费水平，而且降低了相邻省份的消费水平；少儿抚养比对消费的影响带有中国自身特点，与父母对孩子慷慨的投资及教育、医疗等成本的增多有关；老年抚养比对消费的间接效应不显著，但直接效应及总效应是显著的负值，这可能与中国老年居民收入有限及节俭的生活习惯有关。

第二，研究了新型城镇化、城乡收入差距对居民消费的影响及区域差异。研究结论：居民消费率的滞后一期对当期消费率存在显著的正影响，且西部地区的影响最大，其次是中部地区与东部地区，说明居民消费相对比较稳定，且西部地区的居民消费相对更稳定。总体而言，新型城镇化对消费率有显著的正的影响，城乡收入差距、通货膨胀率及老年抚养比都对消费率存在显著的负的影响。分区域而言，新型城镇化对东中西部地区的消费率都有正的影响，但只对东部地区有显著的影响；城乡收入差距对消费率有显著的负的影响，且区域间影响存在差异，城乡收入差距对东西部地区消费率影响显著，中部地区不显著，且城乡收入差距对东部地区的影响作用更大，这可能是由于东部地区的城乡收入差异更大引起的；老年抚养比对东中西部地区的居民消费率有负的影响，但只对东部地区的影响是显著的，对其他地区影响不显著。

通过以上结果分析，为了提高中国居民消费水平，提出以下几点建议。

第一，因地施策，积极推进中国新型城镇化建设。城镇化质量对居民消费率有显著的正的影响，城镇化质量越高，居民消费率越高。因此，城镇建设要积极改变过去"摊大饼"、粗放式的扩张方式，从"增量"式转变到"提质"式，更加注重城镇化的质量。首先，要重视基础设施的建设，加大城镇老旧设施改造力度，提高城镇居民的外在生活环境；其次，积极推进居住证制度，以人为本，保障新老城镇居民享有公平健全的公共福利，提高城镇居民的内在幸福水平；最后，城镇化质量对居民消费率的影响存在显著的地区差异，东中西部地区应因地施策，根据目前城镇化的发展水平，积极探索适合本地区的政策，科学合理地推进中国新型城镇化的建设。目前，中国城镇化水平的提升并没有促进居民消费的提高，这与中国城镇化发展过程中的结构失衡及过高的城市房价有关。一方面，应当改革当前户籍制度，取消对外来人口的限制，使居民享有公平的就业、升学、医疗等社会福利，使外来人口有归属感，成为真正意义上的"城市居民"；另一方面，过高的城市房价极大地减少了居民的可支配收入，居民无钱消费，阻碍了服务业的发展，应当积极稳健地调控房价，减轻居民的住房压力。

第二，推进城乡一体化发展，降低城乡居民收入差距。城乡收入差距会对居民消费率有显著的负的影响，收入差距越大，居民消费率就越低。"城乡二元结构"是影响城乡居民收入差距的主要原因。城乡二元结构是社会主义建设过程中为应对农产品供应等问题而逐步产生并固化的，目前已成为中国经济社会发展的主要结构问题，制约了经济增长及社会的稳定。虽然政府已在公共服务领域，如基本养老保险、医疗保险等方面深入推进城乡一体化建设，使改革红利惠及广大农民，但城乡二元格局仍然存在。下一步应积极推进农民工市民化，改革户籍制度，大力推广居住证制度，提高居住证含金量，使农民工在养老、医疗、就业、子女入学等公共服务领域享有公平的服务，这不仅有利于城市发展，降低城乡居民收入差距，而且有利于释放内需潜力，促进中国经济增长。

第三，调整人口政策，积极应对老龄化。老龄化对居民消费率有着显著的负的影响，老龄化越严重，居民消费率越低。目前，中国 65 岁及以上老年人口占比为 10.67%，人口老龄化的问题较为严重。一方面，应当积极稳健地调整人口政策，增加婴儿出生人数，缓解老龄化危机；另一方面，应当加大老年人服务行业的政策引导力度，积极推广适合老年人消费模式的产品、服务，促进老年人消费。

第四，完善社保制度，提振消费信心。发达国家之所以有更高的居民消费率，主要是完善的社会福利免除了人们对于疾病、失业、育儿、教育、养老等问题的后顾之忧。中国虽然经济总量已跃居全球第二，但人均 GDP 仍然排名靠后且贫富差距悬殊，这是中国社保制度不完善的主要原因，短期内仍无法解决。一方面，可以重点在大病医疗补助、义务教育及高等教育贷款、老年社区等方面加大投资力度，并通过转移支付等手段提高经济较差地区的公共服务水平，提高消费信心；另一方面，应当重视以"80 后""90 后"为主的青年消费群体，与上一代人相比，他们更注重生活品质，接受新鲜事物能力较强，消费能力也更强。

第六章 新型城镇化与产业结构升级

6.1 引 言

一个国家的产业结构水平关系到这个国家经济发展的速度及效益。自改革开放以来，政府就致力于调整和改造产业结构，由第一产业向第二、第三产业集聚，产业结构水平不断升级；伴随经济的高速增长和城乡劳动力的自由流动，更多的居民从农村转移到城市，并在城市定居，城镇化水平不断提高。数据显示，1990 年居住在城市的人口占总人口的比例为 21.08%，2015 年增长到 56.10%，第十八届三中全会强调提高城镇化水平，也显示出城镇化的重要性。随着城镇化水平的提高，传统的城镇化已经无法承载新时期城镇化的发展。因此，新型城镇化更符合时代的需求，那么，随着城镇化质量及产业结构水平的不断升级，新型城镇化是否促进了产业结构水平的提升呢？

关于城镇化对产业结构升级的影响已经有了大量的研究，主要通过横截面模型、静态及动态面板模型等进行研究，并且结论也各不相同。目前，研究新型城镇化对产业结构升级影响的文章还比较少，并且大多数文章都没有考虑到空间差异，更少有文章利用两区制空间杜宾模型研究产业升级的影响，因此有必要进一步研究新型城镇化对产业结构升级的影响。本章的创新之处在于：一是利用熵值法，从经济、人口、社会及环境等维度建立新型城镇化评价指标；二是通过空间探索性分析与空间模型检验，选取空间杜宾模型研究新型城镇化对产业结构升级的影响，并研究空间间接效应对中国产业结构升级的影响；三是利用两种不同的空间权重矩阵，选取两区制空间杜宾模型研究区域对产业结构升级的影响。

6.2 变量选取与模型选择

6.2.1 变量选取

考虑到数据的正确性及可得性，选取 2004—2014 年中国 30 个省份的数据。表 6.1 给出了所用变量的描述及值，数据来源于《中国统计年鉴》及统计局官方网站。

表 6.1 所用变量描述及值

变量	描述	单位	均值	标准差	最小值	最大值
R	产业结构升级系数		2.292	0.121	2.069	2.772
UR	新型城镇化质量指数		3.431%	0.233%	2.960%	4.221%
TEC	技术进步	亿元	17.311	14.566	0.101	21.549
FIN	金融支持	亿元	680.237	821.905	11.560	4723.690
$ASSET$	资产流动	亿元	2.1180	4.5540	0.0004	426.4040

因变量的选取：随着新型城镇化的不断发展，产业结构升级表现为第三产业的占比越来越多，而第一产业的占比相对较低，因此，关于产业结构升级的衡量，参考李逢春的方法，以 R 代表产业结构升级的系数，具体表达式为 $R = \sum_{i=1}^{3} y_i \times i$。其中，$y_i$ 代表第 i 个产业的生产值占国内总生产值的比例，产业结构升级系数的值为 1~3，该值越靠近 1，表明的产业结构升级的水平越低，该值越靠近 3，说明产业结构升级的水平越高。

自变量的选取：新型城镇化指标通过熵值法确定，为了比较方便，对其值进行放大 100 倍的处理；对于控制变量，用每个省份的 R&D（研究开发）经费代表技术进步水平，技术水平的进步是推动产业结构不断升级的直接因素，在生产的过程中，技术水平进步能够促进社会化程度的提升，引起不同产业占比的变动；用每个省份的金融业增加值衡量金融支持的水平值，金融业作为产业结构不断升级的重要支持，为工业与服务业的发展提供信贷支持及资金保障，为中小企业的发展注入活力，同时，金融业的发展与经济的发展相关，金融业相对发达省份的配套设施相对也完善，为产业集聚提供支持；另外一个控制变量是资产流动,用各省份的进出口额衡量,资产流动是衡量一个省份经济发展状况的重要指标,资产的自由流动与省份地区的经济发展及产业结构升级有着重要关系。

6.2.2 空间面板模型分析

(1) 探索性空间数据分析

为了确定选用空间计量还是选用标准计量方法,需要考虑产业结构升级水平是否存在空间依赖性,因此需要对所选数据进行探索性空间数据分析。探索性空间数据分析主要有两种方法:第一种是全局空间自相关,利用莫兰指数 I 及吉尔里指数 C 考察整个空间的集聚情况;第二种是局部自相关,通过局部莫兰指数 I、G 指数及 LISA 分析某个区域的空间情况。

莫兰指数 I 衡量了空间的一种依赖关系:I 值一般为 $-1\sim1$,I 值大于 0 代表存在空间正相关关系,小于 0 表示存在空间负相关关系,接近 0 代表不存在空间相关关系。选用莫兰指数 I 的值衡量产业结构升级水平是否存在空间相关性,具体定义为:

$$I = \frac{n \sum_{i=1}^{n} \sum_{j=1}^{n} w_{ij}(x_i - \bar{x})(x_j - \bar{x})}{\sum_{i=1}^{n}(x_i - \bar{x})^2 \sum_{i=1}^{n} \sum_{j=1}^{n} w_{ij}} \text{。} \quad (6.1)$$

其中,n 代表区域的个数,x_i 与 x_j 代表区域 i 与区域 j 的观测值,$\bar{x}$ 代表样本均值,w_{ij} 代表空间权重矩阵中的元素。

表 6.2 列出了通过莫兰指数 I 计算的全局相关性分析结果。可以看出,莫兰指数 I 在每个年份都是正值且在 1% 显著水平上都是显著的,说明产业结构升级存在着正的空间相关性,且自 2004 年的 0.179 到 2014 年的 0.209,表明产业结构升级的空间相关性在加强。

表 6.2 产业结构升级的莫兰指数 I 检验结果

年份	2004	2005	2006	2007	2008	2009	2010	2011	2012	2013	2014
I 值	0.179	0.179	0.178	0.184	0.190	0.193	0.216	0.222	0.222	0.198	0.209
P 值	0.006	0.005	0.005	0.004	0.003	0.003	0.003	0.001	0.001	0.003	0.002

(2) 空间权重矩阵的设定

空间权重矩阵可以衡量变量在区域上的空间关联,通过地理空间距离权重矩阵衡量 W。为了比较不同的权重矩阵的影响引入了最常用的 0 与 1 矩阵。第一种,W_1 是地理空间距离权重矩阵,由于所有事物之间都存在着联系,距离较近事物的联系比距离较远事物的联系要大(地理学第一定律),因此,$\omega_{ij} = \begin{cases} 1/d^2, & i \neq j \\ 0, & i = j \end{cases}$,其中,$d$ 为一个区域地理位置中心到另外一个区域地理位置中心的距离;第二种,W_2 也是最常用的 0 与 1 矩阵,即若两个样本地理位置相邻,则认为两者是空间相关,赋值为 1,其他情况认为空间不相关,赋值为 0,即 $\omega_{ij} = \begin{cases} 1, & i \text{ 与 } j \text{ 相邻} \\ 0, & i \text{ 与 } j \text{ 不相邻} \end{cases}$。

(3) 空间计量模型

通过莫兰指数 I 检验空间关系后建立模型,主要有以下几种模型,若模型中不考虑空间效应,则设定如下:

$$y_{it} = x'_{it}\beta + \mu_i + \lambda_t + \varepsilon_{it} \text{。} \tag{6.2}$$

其中,y 表示产业结构升级系数;x 表示解释变量,即新型城城镇化、技术进步、金融支持、资产流动等变量;μ_i 与 λ_t 分别表示个体效应、时间效应,i 代表省份,取值为 1~30,t 代表时间。为了考虑空间交互效应,引入含空间效应的面板模型,首先考虑空间滞后模型,设定如下:

$$y_{it} = \delta \sum_{j=1}^{N} w_{ij} y_{it} + x'_{it}\beta + \mu_i + \varepsilon_{it} \text{。} \tag{6.3}$$

其中,w_{ij} 是 W_1 或 W_2 权重矩阵中的元素,代表产业结构升级水平在空间上的联系;δ 是空间自回归过程的系数。

空间误差模型设定如下:

$$y_{it} = x'_{it}\beta + \mu_i + \lambda_t + u_{it}, \tag{6.4}$$

$$\varepsilon_{it} = \delta \sum_{j=1}^{N} w_{ij} \varepsilon_{it} + v_{it} \text{。} \tag{6.5}$$

其中,残差项服从一个含空间权重矩阵的自回归过程,δ 是其系数。

LeSage 等认为解释变量之间可能存在空间关联,由此提出了空间杜宾模型,具体形式如下:

$$y_{it} = \delta \sum_{j=1}^{N} w_{ij} y_{it} + \alpha + x'_{it}\beta + \mu_i + \lambda_t + \theta \sum_{j=1}^{N} w_{ij} X_{ijt} + \varepsilon_{it} \text{。} \tag{6.6}$$

在空间杜宾模型的基础上，为了比较不同区域产业结构水平的影响状况，引入了两区制空间杜宾模型，具体形式为：

$$y_{it} = \delta_1 d_{it} \sum_{j=1}^{N} w_{ij} y_{jt} + \delta_2 (1-d_{it}) \sum_{j=1}^{N} w_{ij} y_{jt} + \alpha + X_{it}\beta + \mu_i + \lambda_t + \theta \sum_{j=1}^{N} w_{ij} x_{jt} + \varepsilon_{it}。 \quad (6.7)$$

其中，d_{it} 代表指示指标，东部地区省份取值为 1，否则为 0；其他变量的解释同空间杜宾模型是一致的。Elhorst 等给出了具体的估计方法，通过假定误差项服从白噪音过程，且 $\sum_i \mu_i = \sum_t \lambda_t = 0$，得到如下对数似然函数：

$$\log L = -\frac{NT}{2} \log[e(\lambda,\varphi)^T e(\lambda,\varphi)] + \sum_{t=1}^{T} \ln |I_N - \delta_1 D_t W - \delta_2 (I_N - D_t)W| - \frac{1}{2\sigma^2} \sum_{i=1}^{N} \sum_{t=1}^{T} [y_{it} - \delta_1 d_{it} \sum_{j=1}^{N} w_{ij} y_{jt} - \delta_2(1-d_{it}) \sum_{j=1}^{N} w_{ij} y_{jt} - \alpha - X_{it}\beta - \mu_i - \lambda_t - \theta \sum_{j=1}^{N} w_{ij} x_{jt}]^2。 \quad (6.8)$$

6.3 新型城镇化与产业结构升级的空间效应研究

6.3.1 非空间交互效应回归结果及分析

通过非空间交互效应的 4 种模型进行估计，以确定是否选用空间模型进行检验，为了估计的方便，对控制变量进行取对数的处理，表 6.3 给出了联合 OLS、个体固定效应、时间固定效应及双向固定效应的估计结果。利用 Matlab 软件进行联合 LR 检验选取最佳模型，对于个体固定效应的联合检验，LR 统计量的值为 983.735，对应的概率 P 值为 0.000；对于时间固定效应的联合检验，LR 统计量的值为 74.313，其概率 P 值为 0.000。这两个值都拒绝了原假设（1%拒绝域），最后选择了（个体与时间）双固定效应模型。表 6.3 的后 4 行给出了空间滞后及空间误差项的检验结果，由于通过 LR 检验确定双固定效应模型更适合当前的数据，所以利用双固定效应模型进行判断。通过稳健的 LM 检验，在 1%显著水平上拒绝了没有空间滞后及误差项不存在空间自相关的原假设。综上表明，产业结构升级水平通过了空间计量模型的检验，且通过 LM 检验模型存在空间滞后及空间自相关误差项,因此选取空间杜宾模型进行进一步估计。

表 6.3 非空间交互效应回归结果

决定因素	联合 OLS	个体固定效应	时间固定效应	双固定效应
UR	1.780*** (18.443)	−0.031*** (−4.511)	0.242*** (5.358)	0.025* (1.874)
TEC	0.053* (1.841)	0.011** (2.034)	0.007 (1.081)	0.010 (1.525)
FIN	0.011*** (1.540)	0.025*** (5.659)	0.042*** (3.751)	0.018*** (2.632)
$ASSET$	0.0310*** (3.441)	0.0003 (0.109)	−0.0060 (−1.381)	0.0010 (0.582)
截距	0.005 (1.149)			
σ^2	0.0100	0.0005	0.0090	0.0004
R^2	0.314	0.543	0.355	0.034
LM_lag	16.938***	16.334***	19.107***	0.003
$Robust\ LM\_lag$	1.488	6.040**	10.525***	5.231**
LM_error	28.400***	11.007***	10.528***	0.135
$Robust\ LM\_error$	12.960***	0.713	1.946	5.363**

在进行空间杜宾模型估计之前,先进行豪斯曼检验以确定空间交互效应是随机的还是固定的。对于 W_1 权重矩阵,豪斯曼检验的值为 8.005,对应的 $P=0.534$,接受了空间交互效应是随机效应的原假设,故选取含有随机效应的空间杜宾模型进行下一步的分析。

6.3.2 空间杜宾模型的选择与分析

表 6.4 给出了含有固定效应的空间杜宾模型回归结果,为了比较不同权重矩阵的影响,还给出了 0 与 1 权重矩阵的回归结果,后几行是 Wald 检验与 LR 检验的值。Elhorst 指出,可以通过 Wald 与 LR 统计量进行检验能否将空间杜宾模型转化为空间滞后模型或空间误差模型,具体为:对式(6.3)中的原假设 $\delta=0$ 讨论能否将空间杜宾模型转化为空间误差模型,通过 $\delta+\theta\beta=0$ 讨论能否将空间杜宾模型转化为空间滞后模型,Wald 与 LR 的值都在 1% 显著水平上显著,因

此，含有固定效应的空间杜宾模型更适合本章的估计。

表 6.4 两种空间权重矩阵的空间杜宾模型回归结果

决定因素	空间杜宾模型（W_1）	空间杜宾模型（W_2）
UR	0.019（1.394）	0.033***（2.685）
TEC	0.018***（3.142）	0.016***（2.818）
FIN	0.001**（2.218）	0.014**（2.230）
ASSET	0.001（0.294）	0.001（0.287）
$W*UR$	0.165***（4.660）	0.091***（4.713）
$W*TEC$	−0.014（−0.843）	−0.027***（−2.843）
$W*FIN$	0.007（0.438）	−0.034***（3.540）
$W*ASSET$	0.014*（1.910）	−0.002（−0.483）
$W*R$	−0.070（−0.731）	0.132*（1.793）
R^2	0.972	0.976
Wald_spatial_lag	30.022***	71.353***
Wald_spatial_error	29.674***	57.966***
LR_spatial_lag	31.187***	12.393**
LR_spatial_error	31.007***	13.009**

通过表 6.3 中的双固定效应模型报告的结果，如新型城镇化的显著估计系数 0.025 与通过表 6.4 报告的不显著的 0.019 有很大的差异；技术进步的不显著估计系数 0.010 与表 6.4 的显著的估计结果 0.018，都有较大幅度的偏差。又由于通过各种检验都证实空间杜宾模型更适合当前数据，因此，若不考虑空间间接效应，通过表 6.3 中的双固定效应模型进行估计，结果会存在偏差。由于空间模型跟非空间交互效应模型中同一个解释变量所代表的含义不同，因此对不同模型的估计值进行比较没有意义，为了衡量自变量的真实影响及空间间接效应，在空间杜宾模型的基础上，引入直接效应及间接效应的估计值。表 6.5 分别给出了解释变量对产业结构升级变量的直接效应、间接效应及总效应。由于间接效应的存

在，表 6.4 相比表 6.5 的值发生了一定变化。由于 0 与 1 权重矩阵的设定只考虑是否相邻，没有考虑位置关系，因此对结果的解释通过地理加权矩阵给出。

表 6.5 直接效应、间接效应及总效应结果

变量	直接效应	间接效应	总效应
$UR(W_1)$	0.018（1.310）	0.153***（4.483）	0.171***（4.771）
TEC	0.019***（3.192）	0.004（0.881）	0.023（0.242）
FIN	0.015**（2.166）	0.005（0.336）	0.020（1.176）
$ASSET$	−0.001（−0.337）	0.013*（1.854）	0.013*（1.821）

表 6.5 中的回归结果对于新型城镇化水平，有以下回归结果：新型城镇化水平对产业结构升级有正的直接效应与间接效应，且间接效应显著为正，说明新型城镇化水平对距离近的区域有显著的促进作用，新型城镇化水平的提高会提升产业结构升级的速度。总体而言，新型城镇化水平与产业结构升级之间存在显著的正相关关系，这是由于间接效应大于直接效应的影响值，因此，间接效应的作用不可忽略，若忽略空间间接效应，只考虑直接效应会低估新型城镇化水平对产业结构升级的影响。

对其他变量，如技术进步、金融支持都对产业结构升级有正的显著的直接影响，但间接及总的影响不显著，说明技术进步及金融支持的提升都对本区域的产业结构升级有促进作用，但间接效应不显著；资产流动虽然对产业结构升级有负的直接影响，但是其值特别小且影响不显著；资产流动对产业结构升级的间接效应及总的效应是在 10% 显著水平上显著的正值，说明资产流动越快越能促进产业结构升级，若是忽略间接效应，仅利用直接效应去估计，会对结果造成偏差。

6.3.3 两区制空间杜宾模型回归结果

为了衡量不同区域产业结构升级的影响，在空间杜宾模型的基础上引入了两区制空间杜宾模型的回归结果，表 6.6 给出了回归的结果。可以看出：新型城镇化水平、技术进步、金融支持及资产流动都促进了产业结构升级，通过 W_1 权重矩阵，新型城镇化与金融支持显著地促进了产业结构升级，通过 W_2 权重矩阵，

技术进步与金融支持显著地促进了产业结构升级；通过对区域产业结构升级的比较，通过两种权重矩阵都有：中西部地区产业水平的提高在空间上对总体产业结构升级的影响显著为正，并且影响值在 0.32 以上，因此需要关注中西部地区的产业水平，协调区域发展水平。

表 6.6　两区制空间杜宾模型回归结果

决定因素	两区制空间杜宾模型（W_1）	两区制空间杜宾模型（W_2）
UR	0.026* （1.961）	0.020 （1.560）
TEC	0.009 （1.458）	0.013** （2.046）
FIN	0.020*** （2.968）	0.020*** （3.004）
$ASSET$	0.002 （0.910）	0.002 （0.819）
$EAST*R$	−0.216 （−1.580）	0.081 （0.827）
$MIDDLE\&WEST*R$	0.320** （2.180）	0.583*** （5.576）

6.4　本章小结

基于 2004—2014 年中国 30 个省份的数据，利用探索性空间分析对产业结构升级水平进行了检验，发现产业结构升级水平在空间上存在空间依赖性。通过空间模型的相关检验，选择含有随机效应的空间杜宾模型作为最后的解释模型，同时为了研究不同区域的产业结构升级水平，引入了两区制空间杜宾模型进行分析，利用两种不同的空间权重矩阵研究新型城镇化水平对产业结构升级水平的影响。研究结论：新型城镇化水平对产业结构升级有正的直接效应与间接效应，新型城镇化水平的提高能够提升附近区域的产业结构水平，若不考虑间接效应会低估城镇化的作用；技术进步、金融支持都对产业结构升级有正的显著的直接效应，但间接及总的影响不显著，说明技术进步及金融支持的提升都对本区域的产业结构升级有促进作用；资产流动对产业结构升级的间接效应及总的效应是在 10% 显著水平显著的正值，说明资产流动越快越能促进产业结构升级；通过两区制空间杜宾模型得到，中西部地区产业水平的提高对总体产业结构升级的影响显著为正，因此需要关注中西部地区的产业水平，协调区域发展水平。

通过以上分析，为了提高产业结构升级水平，提出如下几点建议。

第一，积极推动新型城镇化建设，优化产业结构。新型城镇化建设对产业结构升级有显著的正的直接影响和间接影响。一方面，新型城镇化水平越高，产业结构升级水平越高；另一方面，新型城镇化建设能够显著促进附近区域的产业结构升级。目前，中国经济发展面临着前所未有的挑战，部分行业产能严重过剩，经济增长乏力，城镇化仍是拉动经济增长、释放经济活力的重要手段，新型城镇化建设有利于不断推动中国产业结构的升级。但城镇化建设要积极改变过去"摊大饼"、粗放式的扩张方式，从"增量"式转变到"提质"式，更加注重城镇化的质量。要积极贯彻以京津冀一体化、长三角、珠三角等为标杆的区域发展战略，充分利用间接效应，合理布局，协调发展。

第二，吸收先进的技术，不断提高自主创新能力。技术进步的提升直接为产业结构升级提供动力。自改革开放至今，中国经济高速发展，已经成为世界制造中心。但不可否认，在许多领域中国与国际先进水平仍有不小的差距。一方面，需要加大研发方面的投入，逐步缩小差距；另一方面，鼓励有条件的企业，可以通过兼并重组等手段，快速掌握核心技术。

第三，稳健推进金融发展，积极利用外资。离开了金融支持，大众创新、万众创业便无从谈起，经济的发展也离不开一个稳定的金融环境。目前，国内金融行业乱象丛生，对新兴P2P等融资平台监管不足，股市和房地产过度地吸收了资本，导致实体企业融资困难。监管层应制定措施，使金融真正地服务于实体经济。从国际上看，当前美元处于加息通道，资本加速回流美国，国内应该创造条件，适度开放某些传统行业，积极吸引外资。

第四，加大对中西部地区发展的支持力度，提升产业水平。目前，东部沿海地区经济较为发达，中西部地区经济发展相对较慢，但仍存在巨大的发展潜力。在政策上，要引导东部地区资本向中西部地区流动，充分发挥中西部地区资源等优势，促进产业水平整体提升。

第七章 新型城镇化与城乡收入差距

7.1 引 言

自改革开放以来，中国居民收入不断提高，2015年居民人均可支配收入达到21 966.19元人民币，人民生活水平显著提高。从名义GDP来看，从1996年的7.18万亿元人民币到2015年67.7万亿元人民币，中国经济增长硕果累累，但居民收入分配是否公平合理？户籍制度是在计划经济体制下为限制农村人口盲目入城而制定的，在当时对社会稳定起到了重要作用，但在改革开放过程中，却导致中国经济出现了城乡二元经济结构。城乡收入差距成为考量居民收入分配的重要指标，通常采用城镇居民可支配收入与农民纯收入之比进行测度。1983年该指标为1.8∶1，2009年上升到3.1∶1，2014年下降到2.6∶1，城乡收入差距呈现先增后减的趋势。研究影响城乡收入差距的因素，缩小城乡收入差距，促进收入分配公平合理，共享改革发展红利，对于社会稳定和经济增长具有重要意义。

中国正处于经济高速增长时期，也是城镇化快速发展的时期。中国人口城镇化率（城镇常住人口与总人口之比）由1990年的21.08%增长到2015年的56.10%。城镇化是中国经济增长的重要引擎，对中国城乡居民生活有着深远影响。但单纯用人口城镇化率或土地城镇化率来衡量城镇化发展水平，没有包含居民生活质量、经济可持续性及由于发展所造成的环境污染、生态破坏等机会成本。党中央国务院多次提出要不断提高城镇化的建设质量，走新型城镇化道路。因此，构建一套新型城镇化质量的评价指标体系，综合评价新型城镇化的发展水平，并研究该指标与城乡收入差距的关系具有重要价值。

产业结构直接影响到居民的就业和收入，居民收入直接影响城乡收入差距。过去中国产业结构属于劳动密集型，资本相对匮乏，大量农村富余劳动力涌入城镇打工。随着经济发展，中国人口红利逐步消失，各地出现了招工难、用工荒的现象。目前，中国产业结构总体失衡，煤炭、钢铁等传统行业产能严重过剩，全球金融危机导致制造业增长乏力，但服务业出现了显著增长，2015年服务业产值占GDP比值增加到50.5%，年增长率达到8.3%。在"稳增长、调结构"的背景之下，产业结构的优化越来越受到各地政府的重视，研究产业结构与城乡收入差距之间的关系具有现实意义。

关于新型城镇化与城乡收入差距、产业结构与城乡收入差距的关系已有了较多研究。但大多研究是利用人口城镇化率衡量城镇化发展水平，方法上主要是运用成因、协整及一般的面板数据，没有考虑到空间上可能存在的相依性。本章在上述研究的基础上，一是通过经济、社会、人口及环境等方面构建新型城镇化综合评价指标体系；二是利用空间杜宾模型进行影响研究，对不同区域实施不同的政策；三是对于人口城镇化与新型城镇化进行对比研究，得出相应的结论与政策意见。

7.2 变量选取与模型选择

7.2.1 变量选取

城乡收入差距（GAP）利用城镇居民可支配收入与农民纯收入之比衡量。关于城乡收入差距的影响因素与造成差距的原因非常复杂，许多学者也都利用不同变量进行过研究。本章为了研究新型城镇化对城乡收入差距造成的影响，需要从众多影响因素中分离出新型城镇化影响，因此需要选择相应的影响因素。考虑到数据的正确性及可得性，选取2004—2014年中国30个省份的数据。表7.1给出了所用变量的描述及值，数据来源于EPS数据库、《中国统计年鉴》及统计局官方网站。基于已有的文献，除了新型城镇化与产业结构这两个解释变量外，还控制了有可能影响到城乡收入差距的变量，如政府城市偏好、城乡投资水平（参考刘维奇的研究）与经济发展程度，具体如下：

①新型城镇化。这是本章主要关注的影响因素，也是影响城乡收入差距的一

个重要的因素。利用城镇常住人口与总人口之比来衡量人口城镇化的水平（pop_urban）；新型城镇化（new_urban）通过熵值法得到。

②产业结构（$industry$）。关于产业结构升级的衡量参考李逢春的方法，利用 R 代表产业结构升级的系数，具体表达式为 $R = \sum_{i=1}^{3} y_i \times i$。其中，$y_i$ 代表第 i 个产业的生产值占 GDP 的比值，产业结构升级系数值为 1~3，该值越靠近 1，说明产业结构升级水平越低；该值越靠近 3，说明产业结构升级水平越高。

③政府的城市偏好（GOV）。用地方财政支出与总财政支出之比衡量。在政府主导城镇化的情形下，地方财政支出占比越大，地方政府的自主性就越强，对城市偏向就更严重，这可能会影响城乡收入差距。

④城乡投资水平（$invest$）。用城市人均固定资产投资与农村人均固定资产投资之比衡量。投资对于区域经济增长起到拉动作用，是经济增长的外生引擎，城乡之间投资水平的差异有可能会影响城乡收入差距。

⑤经济发展程度（$\ln GDP$）。库兹涅茨的倒 U 型理论表明，经济发展水平影响收入分配差距。初期阶段，随着经济发展，收入分配差距会不断扩大，到一定水平后，经济发展水平对收入差距的影响变小，呈现倒 U 型的变化趋势。但也有学者对库兹涅茨理论提出了质疑，因此在模型中加入该变量，衡量其对城乡收入差距是否有影响还有待研究，参考陈斌开与林毅夫研究中该变量的选取，在模型中引入人均 GDP 的对数进行衡量。

表 7.1　所用变量描述及值

变量	描述	均值	标准差	最小值	最大值
CXR	城乡收入差距	2.999	0.592	1.829	4.892
new_urban	新型城镇化	0.333	0.038	0.470	0.280
pop_urban	人口城镇化	0.505	0.144	0.263	0.896
$industry$	产业结构升级系数	2.292	0.121	2.069	2.772
GOV	财政支出占比	9.967%	0.088%	7.915%	61.211%
$invest$	城乡投资水平	0.867	3.012	0.070	30.190
$\ln GDP$	人均 GDP 的对数	10.000	0.597	8.370	11.292

7.2.2 空间面板模型分析

(1) 探索性空间数据分析

为了确定选用空间计量还是选用标准计量方法,需要考虑城乡收入差距水平是否存在空间依赖性,因此需要对所选数据进行探索性空间数据分析。探索性空间数据分析主要有两种方法:第一种是全局空间自相关,利用莫兰指数 I 及吉尔里指数 C 考察整个空间的集聚情况;第二种是局部自相关,通过局部莫兰指数 I、G 指数及 LISA 分析某个区域的空间情况。

莫兰指数 I 衡量了空间的一种依赖关系:I 值一般为 $-1\sim 1$,I 值大于 0 代表存在空间正相关关系,小于 0 表示存在空间负相关关系,接近 0 代表不存在空间相关关系。选用莫兰指数 I 的值衡量消费水平是否存在空间相关性,具体定义为:

$$I = \frac{n\sum_{i=1}^{n}\sum_{j=1}^{n}w_{ij}(x_i-\bar{x})(x_j-\bar{x})}{\sum_{i=1}^{n}(x_i-\bar{x})^2\sum_{i=1}^{n}\sum_{j=1}^{n}w_{ij}}。 \tag{7.1}$$

其中,n 代表区域的个数,x_i 与 x_j 代表区域 i 与区域 j 的观测值,$\bar{x}$ 代表样本均值,w_{ij} 代表空间权重矩阵中的元素。

(2) 空间权重矩阵的设定

空间权重矩阵可以衡量变量在区域上的空间关联,权重矩阵的选取至关重要,本章选取地理空间距离权重矩阵进行衡量,由于所有事物之间都存在着联系,距离较近事物的联系比距离较远事物的联系要大(地理学第一定理),因此,$w_{ij}=\begin{cases}1/d^2,\ i\neq j\\0,\ i=j\end{cases}$,其中,$d$ 为一个区域地理位置中心到另外一个区域地理位置中心的距离。

(3) 空间计量模型

通过莫兰指数 I 检验空间关系后建立模型,主要有以下几种模型,若模型中不考虑空间效应,则设定如下:

$$y_{it} = x'_{it}\beta + \mu_i + \lambda_t + \varepsilon_{it}。 \tag{7.2}$$

其中,y 表示城乡收入差距;x 表示解释变量,即新型城镇化、产业结构、财政支出占比、城乡投资水平、人均 GDP 的对数;μ_i 与 λ_t 分别表示个体效应、时间效应。为了考虑空间交互效应，引入含空间效应的面板模型，首先考虑空间滞后模型，设定如下：

$$y_{it} = \delta \sum_{j=1}^{N} w_{ij} y_{it} + x'_{it}\beta + \mu_i + \varepsilon_{it}。 \quad (7.3)$$

其中，w_{ij} 是空间权重矩阵中的元素，代表城乡收入差距在空间上的联系；δ 是空间自回归过程的系数。

空间误差模型设定如下：

$$y_{it} = x'_{it}\beta + \mu_i + \lambda_t + u_{it}, \quad (7.4)$$

$$\varepsilon_{it} = \delta \sum_{j=1}^{N} w_{ij} \varepsilon_{it} + v_{it}。 \quad (7.5)$$

其中，残差项服从一个含空间权重矩阵的自回归过程，δ 是其系数。

LeSage 等认为解释变量之间可能存在空间关联，由此提出了空间杜宾模型，具体形式如下：

$$y_{it} = \delta \sum_{j=1}^{N} w_{ij} y_{it} + \alpha + x'_{it}\beta + \mu_i + \lambda_t + \theta \sum_{j=1}^{N} w_{ij} X_{ijt} + \varepsilon_{it}。 \quad (7.6)$$

7.3 新型城镇化、产业结构与城乡收入差距的空间效应研究

7.3.1 城乡收入差距的探索性空间分析

表 7.2 为通过莫兰指数 I 计算的全局相关性分析结果。可以看出，莫兰指数 I 在每个年份都不低于 0.35，且在 1% 显著水平上都是显著的，说明中国城乡收入差距间存在着正的空间相关性。

表 7.2 城乡收入差距的空间相关性检验结果

年份	2004	2005	2006	2007	2008	2009	2010	2011	2012	2013	2014
I 值	0.413	0.414	0.444	0.455	0.457	0.448	0.461	0.443	0.439	0.392	0.350
z 值	4.860	4.830	5.153	5.260	5.260	5.161	5.294	5.109	5.076	4.596	4.169
P 值	0.000	0.000	0.000	0.000	0.000	0.000	0.002	0.000	0.000	0.000	0.000

7.3.2 实证分析

(1) 非空间交互效应回归结果及分析

通过非空间交互效应的 4 种模型进行估计，以确定是否选用空间模型进行检验，表 7.3 给出了联合 OLS、个体固定效应、时间固定效应及双固定效应的估计结果。利用 Matlab 软件进行联合 LR 检验选取最佳模型，对于个体固定效应的联合检验，LR 统计量的值为 825.676，P 值为 0.000，拒绝了含有个体固定效应的假设；对于时间固定效应的联合检验，LR 统计量的值为 195.788，P 值为 0.000。因此，拒绝了个体固定效应与时间固定效应的模型原假设（1%拒绝域），选择双固定效应模型进行解释。表 7.3 后 4 行给出了空间滞后及空间误差项的检验结果，由于通过 LR 检验确定双固定效应模型更适合当前的数据，所以利用双固定效应模型进行判断。通过 LM 检验，在 5%显著水平上拒绝了没有空间滞后被解释变量及误差项不存在空间自相关的原假设。综上表明，城乡收入差距通过了空间计量模型的检验，且通过 LM 检验模型存在空间滞后及空间自相关误差项，因此选取空间杜宾模型进行进一步估计。

表 7.3 非空间交互效应回归结果

决定因素	联合 OLS	个体固定效应	时间固定效应	双固定效应
new_urban	−3.961*** (−3.113)	0.434 (0.844)	−5.081** (−2.499)	−1.464* (−1.754)
$insustry$	−1.069*** (−4.202)	−1.351*** (−3.906)	−0.603** (−2.393)	0.733** (2.201)
GOV	2.557*** (8.126)	−2.457*** (−9.163)	3.162*** (9.111)	−1.849*** (−6.153)
$invest$	−0.016 00 (−1.609)	0.004 00 (0.687)	−0.018 00* (−1.985)	0.000 05 (0.009)
$\ln GDP$	0.090* (1.967)	0.009 (0.534)	−0.075 (−1.441)	−0.006 (−0.371)
截距	5.386*** (6.399)			
σ^2	0.227	0.027	0.183	0.127
R^2	0.330	0.387	0.411	0.015

续表

决定因素	联合 OLS	个体固定效应	时间固定效应	双固定效应
LM_lag	133.185***	169.583***	74.655***	6.849***
$Robust\ LM\_lag$	45.219***	33.160***	61.783***	4.060**
LM_error	92.167***	136.621***	31.454***	4.643**
$Robust\ LM\_error$	4.201**	0.198	18.583***	1.854

在进行空间杜宾模型估计之前，先进行豪斯曼检验以确定空间交互效应是随机的还是固定的。对于新型城镇化变量，豪斯曼检验的值为 0.1425，对应的 $P=1.00$；对于城镇化变量，豪斯曼检验的值为 0.5080，对应的 $P=1.00$。可见，不拒绝空间交互效应是随机效应的原假设，选取随机效应空间杜宾模型进行下一步分析。

（2）空间杜宾模型的选择与分析

表 7.4 给出了含有新型城镇化与人口城镇化的空间杜宾模型回归结果，后几行是 Wald 检验的值。Elhorst 指出，可以通过 Wald 统计量进行检验能否将空间杜宾模型转化为空间滞后模型或空间误差模型，具体为：对式（7.5）中的原假设 $\delta=0$ 讨论能否将空间杜宾模型转化为空间误差模型，通过 $\delta+\theta\beta=0$ 讨论能否将空间杜宾模型转化为空间滞后模型，Wald 的值在 1% 显著水平上显著，因此，含有随机效应的空间杜宾模型更适合本章的估计。

表 7.4 空间杜宾模型回归结果

决定因素	固定效应	随机效应	固定效应	随机效应
pop_urban	−0.465 (1.070)	−0.981*** (−2.801)		
new_urban			−0.990 (−1.137)	−1.015 (−1.191)
$insustry$	0.609* (1.735)	0.665** (2.116)	0.774** (2.183)	0.581* (1.795)
GOV	−1.401*** (−4.123)	−1.152*** (−3.545)	−1.522*** (−4.376)	−1.379*** (−4.103)

续表

决定因素	固定效应	随机效应	固定效应	随机效应
$invest$	−0.0010 (−0.196)	−0.0020 (−0.464)	0.0005 (0.093)	0.0010 (0.250)
$\ln GDP$	−0.006 (−0.354)	−0.007 (−0.437)	−0.007 (−0.386)	−0.009 (−0.517)
$W * pop\_urban$	−0.757 (−0.861)	−1.807** (−2.336)		
$W * new\_urban$			−5.191** (−2.221)	−4.983** (−2.173)
$W * insustry$	−2.920*** (−2.827)	−2.071** (−2.346)	−2.652** (−2.558)	−3.019*** (−3.406)
$W * GOV$	−1.108 (−1.476)	−0.367 (−0.523)	−1.647** (−2.168)	−1.277* (−1.753)
$W * invest$	0.012 (0.958)	0.011 (0.880)	0.016 (1.229)	0.018 (1.422)
$W * \ln GDP$	−0.018 (−0.463)	−0.027 (−0.697)	−0.026 (−0.661)	−0.033 (−0.838)
$W * CXR$	0.027*** (3.153)	0.269*** (3.216)	0.692*** (3.209)	0.071*** (5.488)
R^2	0.959	0.950	0.959	0.951
$Wald\_spatial\_lag$	11.722**	17.477***	16.068***	20.781***
$Wald\_spatial\_error$	13.309**	21.137***	17.838***	21.475***

通过表 7.3 中的双固定效应模型报告的结果,如新型城镇化变量的显著估计系数−1.464 与通过表 7.4 报告的不显著的−1.015 有很大的差异;产业结构升级的估计系数 0.733 与表 7.4 的 0.581,政府城市偏好的−1.894 与表 7.4 的−1.379 等变量的影响都有较大幅度的偏差。又由于通过各种检验都证实空间杜宾模型更适合当前数据,因此,若不考虑空间间接效应,通过表 7.3 中的双固定效应模型进行估计,结果会存在严重偏差。由于空间模型跟非空间交互效应模型中同一个解释变量所代表的含义不同,因此对不同模型的估计值进行比较没有

意义，为了衡量自变量的真实影响及空间间接效应，在空间杜宾模型的基础上，引入直接效应及间接效应的估计值。表7.5分别给出了解释变量对城乡收入差距的直接效应、间接效应及总效应。由于间接效应的存在，表7.4和表7.5的值发生了变化。

表7.5 直接效应、间接效应及总效应结果

变量	直接效应	间接效应	总效应
new_urban	−1.270 (−1.425)	−7.138** (−2.256)	−8.408** (−2.333)
$insustry$	0.432 (1.268)	−3.846*** (−3.034)	−3.414** (−2.436)
GOV	−1.453*** (−4.324)	−2.261** (−2.329)	−3.714*** (−3.781)
$invest$	0.002 (0.464)	0.025 (1.401)	0.027 (1.336)
$\ln GDP$	−0.011 (−0.695)	−0.047 (−0.910)	−0.058 (−1.149)
pop_urban	−1.069*** (−3.065)	−2.705*** (−2.716)	−3.773*** (−3.680)
$insustry$	0.578* (1.737)	−2.498** (−2.029)	−1.920 (−1.398)
GOV	−1.180*** (−3.758)	−0.899 (−1.025)	−2.079** (−2.400)
$invest$	−0.002 (−0.352)	0.014 (0.791)	0.012 (0.593)
$\ln GDP$	−0.009 (−0.549)	−0.038 (−0.757)	−0.047 (−0.953)

为了对城镇化的影响进行比较，模型给出了含有人口城镇化的回归结果。见表7.5中的回归结果，当模型中包含的是新型城镇化变量，城镇化对城乡收入差距有负的直接效应，新型城镇化指标每提升1个单位，城乡收入差距减少1.270个单位，这表明新型城镇化缩小了城乡收入差距；新型城镇化对城乡收入差距有显著的负的间接效应，新型城镇化指标每提升1个单位，城乡收入差距减少7.138个单位，这也表明新型城镇化水平的提升缩小了城乡收入差距，也会降低相邻区域的城乡收入差异。总体而言，新型城镇化与城乡收入差距之间具有显著的负相关关系，新型城镇化水平每提升1个单位，城乡收入差距整体显著减少8.408个单位。当模型中包含的是人口城镇化变量，人口城镇化对城乡收入差距有负的显著的直接效应、间接效应与总效应影响，相对于新型城镇化，其影响相

对较小。这样表明，随着人口、社会、经济、环境等各方面的提升，对于城乡收入差距的缩小影响更大。城镇化对缩小城乡收入差距有着积极作用，主要可能因为城乡存在期望收入差距，随着社会公共服务等方面的提升，劳动力在城乡之间会不断流动，会缩小城乡收入差距；随着城市中劳动力的增多，城市中劳动力市场的竞争水平程度随之增大，劳动力工资就会降低；农村劳动力向城市流动的过程中，农村的过剩劳动力会减少，最终会有效提升农村居民的劳动生产率及收入。

产业结构的优化对城乡收入差距的缩小有显著的间接效应与总效应，因此，产业水平的提升在一定程度上缩小了城乡收入差距；对于其他变量，通过模型中包含的新型城镇化变量进行解释。政府城市偏好对城乡收入差距有负的显著的直接效应、间接效应及总效应影响作用，表明政府城市偏好显著促进了城乡收入差距的缩小；城乡投资水平与人均 GDP 对数的变化对城乡收入差距的影响不显著，这就表明城乡投资水平与人均 GDP 不是影响城乡收入差距的主要因素。

(3) 区域结果分析

采用豪斯曼检验确定区域空间交互效应是随机的还是固定的，检验结果及选取的分析模型见表 7.6。

表 7.6 豪斯曼检验结果

指标	地区	豪斯曼检验值	自由度	P 值	分析模型选择
新型城镇化	东部	15.418	100	0.1640	随机效应的空间模型
	中部	196.672	70	0.0000	固定效应的空间模型
	西部	34.623	100	0.0003	固定效应的空间模型
人口城镇化	东部	13.272	100	0.2760	随机效应的空间模型
	中部	13.668	70	0.2520	随机效应的空间模型
	西部	19.015	100	0.0610	固定效应的空间模型

表 7.7 给出了分区域空间杜宾模型的回归结果。

表 7.7 分区域空间杜宾模型回归结果

决定因素	东部地区	中部地区	西部地区	东部地区	中部地区	西部地区
pop_urban	−0.403 (−1.306)	−0.813 (−1.002)	−4.516*** (−3.033)			
new_urban				−0.221 (−0.237)	−4.825*** (−3.316)	−3.728** (−2.103)
$insustry$	−0.515 (−1.487)	−0.890* (−1.658)	0.077 (0.137)	−0.765*** (−2.634)	−0.826 (−1.621)	1.746*** (2.830)
gov	−1.307** (−2.123)	−1.530 (−1.368)	−1.492*** (−2.816)	−1.051 (−1.624)	−0.915 (−0.959)	−1.377*** (−2.889)
$invest$	−0.008* (−1.923)	−1.175*** (−3.247)	0.426** (2.276)	−0.006 (−1.494)	−1.172*** (−3.865)	0.361** (2.076)
$\ln GDP$	−0.0210 (−1.092)	0.0001 (0.005)	0.0090 (0.360)	−0.0250 (−1.285)	−0.0210 (−1.277)	0.0070 (0.289)
$W*pop\_urban$	−0.417 (−0.682)	2.061* (1.863)	−6.581 (−1.528)			
$W*new\_urban$				−0.567 (−0.364)	−5.249** (−2.552)	−18.867** (−4.258)
$W*insustry$	−2.149*** (−3.249)	0.835 (0.724)	−1.652 (−1.234)	−2.411*** (−4.127)	2.090* (1.889)	2.404 (1.550)
$W*gov$	−4.161*** (−3.386)	−6.103*** (−2.679)	4.205*** (2.954)	−3.845*** (−2.916)	−3.789* (−1.980)	4.206*** (3.176)
$W*invest$	−0.005 (−0.709)	−1.816*** (−3.449)	2.360*** (4.593)	−0.002 (−0.263)	−1.816*** (−4.087)	1.954*** (3.777)
$W*\ln GDP$	0.059 (1.464)	0.001 (0.025)	−0.016 (−0.247)	0.044 (1.103)	−0.045 (−1.472)	−0.021 (0.335)
$W*CXR$	−0.393*** (−3.652)	−0.094 (−0.817)	−0099 (−0.729)	−0.387** (−3.587)	−0.184 (−1.617)	−0.197 (−1.466)
R^2	0.877	0.942	0.955	0.875	0.965	0.959
$Wald\_spatial\_lag$	34.696***	24.908***	33.304***	29.212***	26.548***	61.792***
$Wald\_spatial\_error$	28.660***	22.886***	32.753***	24.139***	22.893***	59.371***

新型城镇化与人口城镇化有助于缩小东中西部地区城乡收入差距，而新型城镇化及空间交互效应只对中西部地区城乡收入差距有显著的缩小作用，且缩小作用不仅比较大也是显著的，这可能与国家对中西部地区更大力度推进城镇化有关，同时也表明新型城镇化建设对于城乡收入差距缩小具有重要作用；相对于新型城镇化，人口城镇化只对西部地区城乡收入差距有缩小作用，但是空间交互效应不显著，且对于中部地区的空间交互效应对城乡收入差距的缩小有抑制作用，这也体现出需要对中西部地区建立新型城镇化，进一步缩小城乡收入差距。

产业结构优化促进了东西部地区城乡收入差距的缩小，但是对于西部地区城乡收入差距的扩大有促进作用。这与中国东中与西部地区的经济发展有关，东中部地区产业相对发达，第三产业发展迅速，但是西部地区经济发展相对落后，以第一、第二产业为主，这就是为何产业结构的优化没有促进西部地区城乡收入差距缩小的主要原因。

对于其他变量，通过模型中包含的新型城镇化变量进行解释。政府的城市偏好对城乡收入差距有负的影响作用，但只显著地促进了西部地区城乡收入差距的缩小；城乡投资水平的提升促进了西部地区城乡收入差距的扩大，但是没有促进东中部地区城乡收入差距的扩大，这也与各区域发展特点有关；人均GDP对数的变化对城乡收入差距的影响不显著，这就表明人均GDP对数的变化不是影响城乡收入差距的主要因素。

7.4 本章小结

基于2004—2014年中国30个省份的数据，利用探索性空间分析对城乡收入差距进行了检验。通过空间模型的相关检验，选择空间杜宾模型分别研究了新型城镇化、人口城镇化对城乡收入差距的影响。研究结论如下。

第一，新型城镇化对于城乡收入差距有负的直接效应、间接效应与总效应，新型城镇化与城乡收入差距之间存在显著的负的相关关系，间接效应显著为负，且影响比较大，若忽略空间间接效应，只考虑直接效应会低估新型城镇化对城乡收入差距的影响。人口城镇化对于城乡收入差距有着负的显著的直接效应、间接效应与总效应，与新型城镇化相比其影响较小，说明单纯通过人口城镇化这一指标无法全面反映新型城镇化的发展对于城乡收入差距变化的影响作用。

第二，分区域研究时，采用新型城镇化指标和人口城镇化指标衡量时，城镇化都对城乡收入差距的扩大有抑制作用，采用新型城镇化指标衡量时，城镇化及空间交互效应只对中西部地区城乡收入差距的缩小作用是显著的；采用人口城镇化指标衡量时，城镇化只对西部地区城乡收入差距的缩小作用是显著的，但空间交互效应不显著，且中部地区空间交互效应对于城乡收入差距的缩小有抑制作用。

第三，产业结构升级对城乡收入差距有着显著负的间接效应与总效应。因此，从总体看，优化产业结构能够显著缩小城乡收入差距；分区域查看，产业结构优化仅缩小了东中部地区城乡收入差距，但扩大了西部地区城乡收入差距，这与中国区域经济发展不平衡有关。在东中部地区，由于经济发展水平较高，劳动生产率高，人员、资本由第一、第二产业向第三产业流动，服务业的快速发展等原因，提高了周边农村劳动人口的收入。西部地区经济发展相对落后，盲目进行产业升级，会减少农村劳动人口的就业，增大城乡收入差距，这也与林毅夫等人的研究结论一致。

第四，政府的城市偏好对城乡收入差距有负的显著的直接、间接及总的影响，表明政府的城市偏好显著缩小了城乡收入差距；分区域查看，政府的城市偏好只显著促进了中国西部地区城乡收入差距的缩小；城乡投资水平对中国整体城乡收入差距的影响不显著，但促进了西部地区城乡收入差距的扩大；人均GDP对数对城乡收入差距的影响不显著，这表明人均GDP不是影响城乡收入差距的主要因素。

通过以上分析，为了缩小城乡收入差距，提出以下3点建议。

第一，积极推进新型城镇化建设。新型城镇化发展对于缩小城乡收入差距有显著的促进作用，并存在显著的空间间接效应。因此，各地方政府要在积极推进本地新型城镇化建设的同时，加强与周边地区的协调沟通，充分利用新型城镇化的空间间接效应，促进区域经济共同繁荣。单纯采用人口城镇化衡量时，会低估新型城镇化对城乡收入差距的影响。因此，新型城镇化发展要更加注重提高城镇化质量，重视基础设施建设，提高居民公共福利，保护生态环境。新型城镇化对城乡收入差距的影响存在地区差异，需要因地施策，制定有针对性的政策。研究显示，新型城镇化对中西部地区城乡收入差距有显著的抑制作用。相对于东部地区较高的城镇化水平，中西部地区城镇化发展的边际贡献更大，应加大政策扶持力度，促进中西部地区新型城镇化建设。

第二，合理优化产业结构。产业结构升级能够显著地抑制城乡收入差距的扩大。但分区域来看，产业结构优化仅缩小了东中部地区的城乡收入差距，但扩大了西部地区的城乡收入差距。因此，各地区在优化产业结构时，要结合本地区的特色，在比较优势原则上，制定合适的发展战略。中东部经济发展水平较高的地区，要大力发展服务业，制造业由劳动密集型向资本密集型转变，不断提升地区的核心竞争力。西部经济较为落后的地区，要依托本地区人文、自然资源禀赋，充分利用互联网与现代物流系统，重点发展现代化农牧业和以旅游为主的服务业，提高居民收入。

第三，制定有效政策，促进收入分配公平合理。研究发现，政府的城市偏好能够缩小城乡收入差距，且对西部地区城乡收入差距的抑制作用更显著。政府通过转移支付等手段提高农村老人养老补贴，对中西部落后地区进行政策补贴，促进城乡收入差距的缩小，弥补市场机制在收入分配领域的不足，促进社会主义和谐社会的建设。

第八章 新型城镇化与金融支持

8.1 引 言

随着经济的高速发展，越来越多的农民进入城市生活，中国城镇常住人口比例由1990年的21.08%提高到2015年的56.10%。在城镇化快速发展的同时，也暴露出许多严重的问题，如环境污染、交通拥堵、基础设施老旧。这大大提高了城镇化发展的机会成本，也与可持续发展的国家战略相矛盾。新型城镇化的理念应运而生，其改变了过去粗放式的发展方式，更注重大中小城市协调发展、以人为本及环保。《国家新型城镇化规划（2014—2020）》指出，要坚持走新型城镇化道路，指明了城镇化的发展方向。在新型城镇化的建设过程中，教育、就业、养老、医疗卫生、住房、基础设施建设等都需要大量的资金支持。因此，研究金融支持的规模、效率和结构，对新型城镇化的影响具有重要意义。

目前，在关于金融支持对城镇化影响的研究中，针对新型城镇化的实证研究较少。实证研究中多是选用横截面模型、时间序列模型、传统面板模型，大多数没有考虑到空间差异。在已有研究的基础上，本章的创新之处在于：一是利用熵值法，从经济、人口、社会及环境4个维度建立了新型城镇化的评价指标；二是通过空间探索性分析与空间模型检验，选取动态空间杜宾模型从金融支持的3个维度研究其对新型城镇化的影响及区域差异。

8.2 变量选取与模型选择

8.2.1 变量选取

考虑到数据的准确性及可得性，选取 2004—2014 年中国 30 个省份的数据。表 8.1 给出了所用变量的描述及值，数据来源于《中国统计年鉴》《中国金融统计年鉴》、EPS 全球统计数据及 Wind 数据库。

因变量是新型城镇化的指标，为了方便比较，对其值进行放大 100 倍的处理；自变量的选取：选取 3 个指标衡量金融支持水平，金融支持规模（LIR）选取城镇固定资产投资中贷款额与全社会固定资产投资作为衡量指标；金融支持效率（$NFIFE$）反映在支持城镇化的过程中，各金融要素的投入与产出效率的高低，具体利用非金融机构的融资金额与贷款金额之比去衡量；金融支持结构（DFE）有两种模式，分别是直接融资、间接融资，农民工就业及医保设施的完善都需要资金，只有金融结构不断创新才能实现可持续发展的新型城镇化，具体选取股票与债券融资额与贷款金额之比衡量。由于政府对经济的干预越少，经济发展越好，因此，在控制变量中加入了政府的干预程度（GOV），具体利用财政支出与 GDP 之比衡量。

表 8.1 所用变量描述及值

变量	描述	均值	标准差	最小值	最大值
UR	新型城镇化水平	3.431%	0.233%	2.960%	4.221%
LIR	金融支持规模	0.174	0.079	0.022	0.624
$NFIFE$	金融支持效率	0.121	0.044	0.016	0.415
DFE	金融支持结构	0.1887	0.239	0	2.344
GOV	政府干预	0.1997	0.0883	0.0612	0.0792

8.2.2 空间面板模型

(1) 探索性空间数据分析

为了确定选用空间计量还是选用标准计量方法,需要考虑新型城镇化是否存在空间依赖性,因此需要对所选数据进行探索性空间数据分析。探索性空间数据分析主要有两种方法:第一种是全局空间自相关,利用莫兰指数 I 及吉尔里指数 C 考察整个空间的集聚情况;第二种是局部自相关,通过局部莫兰指数 I、G 指数及 LISA 分析某个区域的空间情况。

莫兰指数 I 衡量了空间的一种依赖关系:I 值一般为 $-1\sim1$,I 值大于 0 代表存在空间正相关关系,小于 0 表示存在空间存在负相关关系,接近 0 代表不存在空间相关关系。选用莫兰指数 I 的值衡量新型城镇化是否存在空间相关性,具体定义为:

$$I = \frac{n \sum_{i=1}^{n} \sum_{j=1}^{n} w_{ij}(x_i - \bar{x})(x_j - \bar{x})}{\sum_{i=1}^{n}(x_i - \bar{x})^2 \sum_{i=1}^{n} \sum_{j=1}^{n} w_{ij}} \text{。} \tag{8.1}$$

其中,n 代表区域的个数,x_i 与 x_j 代表区域 i 与区域 j 的观测值,$\bar{x}$ 代表样本均值,w_{ij} 代表空间权重矩阵中的元素,$\omega_{ij} = \begin{cases} 1/d^2, & i \neq j \\ 0, & i = j \end{cases}$,其中,$d$ 为一个区域地理位置中心到另外一个区域地理位置中心的距离。

(2) 空间计量模型

通过莫兰指数 I 检验空间关系后建立模型,主要有以下几种模型,若模型中不考虑空间效应,则设定如下:

$$y_{it} = x'_{it}\beta + \mu_i + \lambda_t + \varepsilon_{it} \text{。} \tag{8.2}$$

其中,y 表示新型城镇化水平;x 表示金融支持、政府干预等控制变量;μ_i 与 λ_t 分别表示个体效应、时间效应;i 代表省份,取值为 $1\sim30$;t 代表时间。

LeSage 等认为解释变量之间可能存在空间关联,由此提出了空间杜宾模型,具体形式如下:

$$y_{it} = \delta \sum_{j=1}^{N} w_{ij} y_{it} + x'_{it}\beta + \mu_i + \varepsilon_{it} \text{。} \tag{8.3}$$

其中,w_{ij} 是空间权重矩阵中的元素,代表新型城镇化水平在空间上的联系。

在空间杜宾模型的基础上,为了研究新型城镇化水平的动态变化影响,引入了空间动态杜宾模型,具体形式为:

$$y_{it} = \delta \sum_{j=1}^{N} w_{ij} y_{it} + \alpha + x'_{it}\beta + \mu_i + \lambda_t + \theta \sum_{j=1}^{N} w_{ij} X_{ijt} + \varepsilon_{it} 。 \quad (8.4)$$

8.3 金融支持对新型城镇化促进的空间效应研究

8.3.1 新型城镇化的探索性空间分析

表8.2通过莫兰指数 I 给出了全局相关性的检验结果。可以看出,莫兰指数 I 在每个年份都是正值,且在10%显著水平上都是显著的,说明新型城镇化存在着正的空间相关性,除了2014年的显著性较弱,作用值变小外,其他年份的新型城镇化空间相关性值都比较大,自2004年的0.122到2013年的0.181,表明新型城镇化空间相关性在加强。

表8.2 新型城镇化的莫兰指数 I 检验结果

年份	2004	2005	2006	2007	2008	2009	2010	2011	2012	2013	2014
I 值	0.122	0.171	0.156	0.181	0.173	0.215	0.203	0.187	0.169	0.181	0.074
P 值	0.042	0.013	0.021	0.010	0.013	0.003	0.005	0.008	0.013	0.009	0.100

8.3.2 回归结果及分析

表8.3给出了非空间交互效应联合OLS、空间杜宾模型及空间动态杜宾模型的估计结果。通过联合OLS回归的LM滞后及LM误差的检验值分别为313.026、313.709,通过稳健的LM检验,LM-lag 与 LM-error 的值分别是9.279、9.962,以上值都在1%显著水平上拒绝了没有空间滞后及误差项不存在空间自相关的原假设;通过豪斯曼检验以确定空间交互效应是随机的还是固定的,豪斯曼检验对应的 $P=0.99$,接受了空间交互效应是随机效应的原假设,选取含有交互效应的随机的空间杜宾模型进行下一步分析。由于空间杜宾面板模型没有考虑新型城镇化的动态效应,因此选取空间动态杜宾模型的估计值作为最后的解释结果。

表 8.3　空间（动态）杜宾模型回归结果

决定因素	联合 OLS	空间杜宾模型	空间动态杜宾模型
LIR	−0.002 (−0.015)	0.410*** (2.75)	0.810*** (6.17)
NFIFE	0.38 (1.197)	−0.24 (−0.97)	0.20 (1.06)
DFE	0.25*** (4.22)	0.02 (0.5)	0.03 (1.01)
GOV	−0.60*** (−4.48)	−1.10*** (−5.14)	−0.70*** (−3.57)
constant	3.46*** (71.81)	0.56*** (4.81)	
UR(−1)			0.25*** (8.15)
W∗LIR		−0.47* (−1.72)	0.03 (0.13)
W∗NFIFE		0.06 (0.21)	−0.77*** (−3.44)
W∗DFE		0.10* (1.88)	0.04 (0.83)
W∗GOV		1.40** (4.25)	1.00*** (3.72)
W∗UR		0.82*** (28.30)	0.81*** (30.01)

（）：联合 OLS 估计对应 t 统计量的值，空间杜宾模型及空间动态杜宾模型对应的是 z 统计量的值。

通过表 8.3 中的空间杜宾模型与空间动态杜宾模型，都得到金融支持规模对新型城镇化具有显著的正的影响，金融支持效率与金融支持结构的影响不显著，政府干预显著地降低了新型城镇化的水平。通过空间动态杜宾模型得到：金融支持规模每增加 1 个单位，新型城镇化水平提高 0.81 个单位，这主要是因为新型城镇化建设需要大量资金投入，金融支持规模越大，越有利于新型城镇化建设；金融支持效率与金融支持结构也对新型城镇化有正的影响，但不显著，这表明金融支持效率与金融支持结构并不是促进新型城镇化水平提升的主要原因，政府财政拨款、商业银行贷款及政策性银行贷款是新型城镇化建设进程中资金的主要来源，非金融机构在新型城镇化进程中发挥的作用较小，直接融资也没有对新型城镇化水平提升发挥作用；政策干预会抑制新型城镇化的发展，政府干预每提高 1 个单位，新型城镇化水平降低 0.7 个单位；新型城镇化的滞后一期显著促进了当期新型城镇化水平的提升，滞后一期的新型城镇化水平每提高 1 个单位，当期新型城镇化水平提高 0.25 个单位；对于含空间权重矩阵的变量，金融支持规模与金融支持结构对新型城镇化水平的提升有正的间接效应，但影响不显著；金融支持效率对新型城镇化水平的提升有负的间接效应,这可能与非金融机构的融资在新型城镇化建设中所起作用甚微有关;新型城镇化水平有正的显著的间接效应,忽略间接效应,会对结果造成偏差。

表8.4利用空间动态杜宾模型给出了分区域的回归结果:金融支持规模对东中西部地区新型城镇化都有显著的正的影响,虽然间接效应不显著,但直接影响都比较大,金融支持规模每提高1%,对东中西部地区新型城镇化的影响值分别为1.2%、3.1%、1.6%,这表明应该加强东中西部地区金融支持的力度,特别是提升中西部地区金融支持规模;金融支持效率及金融支持结构对西部地区新型城镇化有显著的正的影响,金融支持效率及金融支持结构都提高了西部地区的新型城镇化水平;政府干预只对东部地区新型城镇化存在显著的抑制作用,对中西部地区影响不显著,这可能是由于东部地区经济水平相对中西部地区更发达,政府对东部地区的支持力度更大,应该减少政府对东部地区的干预。政府干预对新型城镇化的间接效应为正,这正是由于政府只有干预本区域的权利;新型城镇化的滞后一项对当期值的影响为显著的正值,且对东部地区的影响最大,这可能是东部地区城镇化水平更高,新型城镇化的间接效应是显著的正值,且对东中西部地区的影响值分别为0.665、0.707、0.786。分区域看,动态效应及间接效应对新型城镇化存在重要影响,忽略它们会对结果造成偏差。

表8.4 分区域的空间动态杜宾模型回归结果

决定因素	东部地区	中部地区	西部地区
LIR	1.20*** (4.72)	3.12*** (12.79)	1.62*** (8.18)
NFIFE	0.03 (0.07)	0.26 (0.79)	0.56** (2.16)
DFE	0.060 (1.44)	0.082 (−1.30)	0.130* (1.77)
GOV	−2.60*** (−4.50)	0.50 (1.21)	−0.30 (−1.37)
UR(−1)	0.31*** (4.94)	0.22*** (5.00)	0.25*** (4.76)
W * LIR	0.13 (0.37)	−0.09 (−0.25)	−0.20 (−0.58)

续表

决定因素	东部地区	中部地区	西部地区
$W*NFIFE$	−0.46 (−1.23)	−1.50*** (−4.01)	−1.26*** (−3.88)
$W*DFE$	0.01 (0.20)	0.55*** (5.06)	0.23* (1.81)
$W*GOV$	3.50*** (4.64)	2.50*** (4.65)	0.50** (2.13)
$W*UR$	0.67*** (13.55)	0.71*** (17.09)	0.79*** (20.45)

8.4 本章小结

目前，多数涉及金融支持水平对新型城镇化的研究都只注重时间效应而忽视空间效应，本章基于2004—2014年中国30个省份的数据，利用探索性空间分析对新型城镇化进行了检验，发现新型城镇化在空间上是存在着空间依赖性的。通过空间模型的相关检验，选择空间杜宾模型及空间动态杜宾模型，从3个不同维度衡量金融支持水平，并选取26个指标，从经济、人口、社会及环境4个维度建立新型城镇化评价指标体系，研究金融支持对新型城镇化的影响，又由于中国的城镇化在东中西部地区存在显著差异，同时利用空间动态杜宾模型分区域研究了金融支持对新型城镇化的影响。研究结论如下。

金融支持的直接效应：对全国及区域而言，金融支持规模显著地提升了新型城镇化的水平，对中西部地区的影响更大。金融支持效率只是直接显著地提升了西部地区的新型城镇化水平，同时对西部地区也存在显著的负的间接效应，表明没有充分发挥出金融支持效率的作用，因此，需要进一步提升金融支持效率；金融支持结构显著地提升了西部地区新型城镇化水平，且对西部地区存在显著的正的间接效应，这说明应该提高西部地区的金融支持结构。

间接效应与政府干预：政府干预显著抑制了东中西部地区的新型城镇化水平，需要进一步处理好政府与经济发展的关系；滞后一期的新型城镇化水平显著地影响当期值，且对东部地区的影响更大，新型城镇化存在显著的间接效应，若忽略间接效应会造成偏差。

通过以上分析，为了提升新型城镇化的发展水平，提出以下几点建议。

第一，扩大金融规模，加大对基础设施的投资。研究发现，金融支持规模对新型城镇化有显著的正的影响。政府应该理性监管并鼓励发展以 P2P 为代表的互联网金融、PPP 项目融资模式等,提高金融支持规模,以利于对新型城镇化建设提供资金支持。目前,中国在棚户区改造、交通设施建设、通信设施建设、城市管道建设、城市绿化、城际轨道等基础设施领域还有很大的提升空间,应该重点加强这些领域的投资建设力度,不断提高城镇化的发展质量和居民的生活质量。当下中国经济面临着产业结构严重失衡,经济发展动力不足,更应当增加基础设施投资,扩大社会总支出,以拉动经济发展,避免经济衰退。

第二,提高金融支持效率,特别是西部地区。金融支持效率显著地提升了西部地区的新型城镇化发展水平。中国西部地区的经济水平相对落后,与东部地区相比,金融产业较不发达,基础设施建设所需资金来源有限。但是,西部地区不仅具有土地资源的优势,还有矿产及旅游资源的优势,相对其他区域增长的空间更大。政府一方面应当通过转移支付等手段直接加大对西部地区的资金扶持力度;另一方面,通过引导市场资源向西部地区流动,促进西部地区的繁荣与经济增长。

第三,深化金融改革,完善金融结构。完善的金融结构,无论对于新型城镇化建设所需资金的落实,还是对于金融风险的防范,都具有重要意义。无论是 20 世纪 90 年代的亚洲金融危机还是 2008 年的美国次贷危机都引发了全球金融动荡,在全球经济一体化的背景下,任何一个国家不仅需要防范来自国内金融市场的冲击,还要抵御来自国外金融市场的冲击。中国金融市场与美国等发达国家相比,在政策监管、公司机构及人员素质等方面还有一定的差距,应当继续深化金融市场改革,完善金融市场的体系结构建设。一方面可以充分发挥金融工具对实体经济的促进作用;另一方面可以防范来自外部的各种金融风险。

第九章 结论与政策意见

新型城镇化是促进中国经济社会不断发展与进步的重大战略和强力引擎,是扩大内需与拉动经济不断增长的动力,有助于结构性调整、刺激居民消费水平的增长、推动产业结构的转型升级、不断打破城乡存在的二元结构、缩小城乡居民收入差距。在新型城镇化的建设过程中,金融为教育、就业、养老、医疗卫生、住房、基础设施建设提供了大量的资金支持。关于新型城镇化产生的经济效应及金融支持对其产生的影响,本章进行了全面的探讨与研究,得出了具有理论与现实价值的基本结论。首先,对本书的主要结论进行总结;其次,提出了相应的政策与意见;最后,对本书的研究进行了展望。

9.1 主要结论

第一,中国正面临着经济发展的又一次平衡与产业格局的调整变化中,正面临经济结构转型等种种困难,只有正确合理地解决这些问题,才能促进中国经济的发展,因此,需要寻找可以促进中国经济持续更好增长的动力,探索适合中国经济发展的新途径。需求导向型的城镇化是必然选择,通过对传统城镇化的发展现状进行考察,发现中国的传统城镇化亟须转型,新型城镇化道路是转型的必然选择。新型城镇化的发展具有促进居民消费需求、拉动内需、推进产业转型升级及改善民生的重要作用,是中国经济发展的新动力。

第二,目前中国的城镇化还是一种"半城镇化"水平的状态,中国并没有真正地实现市民化,旧的城乡二元结构仍然存在,城镇内部不断形成新的二元结构，即形成了新旧二元结构并存的局面。中国的城乡还存在分割的户籍制度、社会保障制度、土地制度等，这些都造成了城乡利益失衡局面的长期存在，也造成城乡居民收益、福利等的差距。因此，城镇化不应该只是简单指人口从农村向城镇进行转移，城镇化更应该是基于经济、社会、人口、环境下的一种生产方式与生活方式的动态转变过程，而人口城镇化率水平已经无法全面地承载以人为本且注重质量发展的新型城镇化的所有内涵。因此，基于中国的新型城镇化发展的核心与内涵，新型城镇化被看作是一个复杂系统，多方面、多层次地考虑新型城镇化进程中可能会受到的影响，从经济、社会、人口与环境4个维度建立新型城镇化评价指标体系。通过该体系可以看出，中国的新型城镇化水平在逐年上升，且东西部地区的新型城镇化水平高于西部地区。

第三，新型城镇化是扩大内需的载体，是破解中国经济增长水平下降的战略选择，是促进经济水平不断增长的强有力的动力。在增长模型的基础上引入新城镇化指标，利用动态短面板空间误差模型研究了新型城镇化的水平对经济增长效应的影响及区域差异。研究得出：新型城镇化对经济增长有显著的促进作用且存在区域差异，对中西部地区的影响较东部地区更大，出现这种现象的原因可能是新型城镇化对于区域经济增长水平存在某种传导路径，消费、投资、产业等都可能是促进经济水平增长的路径。经济增长率的滞后一期的值对经济增长的当期值存在显著的正的影响且存在区域差异。

第四，农民工受到了户籍、土地、社会保障等制度的影响，从农村转移到城市中的农民并没有彻底的市民化，他们无法享受到与城市居民一样的待遇，也就会出现农民工在城市中工作，但是主要消费是在农村的现象。这样的城镇化是无法全面推动居民消费水平的提升，因此，通过建立理论模型，利用空间杜宾模型分析了城镇化与人口年龄结构变化对居民消费水平的影响。结果显示：城镇化对居民消费有不显著的负的直接影响，城镇化的间接效应显著地降低了居民的消费水平。人口城镇化并没有促进居民消费水平的提升，但是人口城镇化无法全面承载新型城镇化的发展内涵，因此，进一步研究了新型城镇化、城乡收入差距对居民消费水平的影响。研究得出：新型城镇化对消费率存在显著的正影响，且存在区域差异，新型城镇化对东中西部地区的消费率都有正的影响，但只对东部地区有显著的影响。这也表明，传统的城镇化是一种"半城镇化"，只有新型城镇化才能承载城镇化发展的质量与内涵。新型城镇化促进了居民消费水平的提升，因此需要进一步实施与发展新型城镇化战略，更好地发挥新型城镇化对于消费水平的引擎作用，加大机制与体制的创新力度，对现有的户籍、土地、社会保障等制度进行彻底改革。

第五，城镇化是加快中国产业结构升级的重要抓手。随着城镇化过程中人口的集聚、生活方式的改变、居民生活水平的提高，都会扩大生活性服务需求；产业结构升级是转变经济发展方式的战略任务，加快发展服务业是产业结构升级的主攻方向。因此，通过空间杜宾模型与两区制空间杜宾模型研究了新型城镇化与产业结构升级的空间效应，研究得出：新型城镇化对产业结构升级有正的直接效应与间接效应，新型城镇化水平的提升能够提升附近区域的产业结构水平，若不考虑间接效应会低估新型城镇化的作用；技术进步、金融支持都对产业结构升级有正的显著的直接效应，说明技术进步及金融生产值的增加都会对本区域的产业结构升级有促进作用；通过两区制空间杜宾模型得到中西部地区产业水平的提高对总体产业结构升级水平的影响是显著的正值，因此需要协调区域发展水平。

第六，自改革开放以来，中国居民收入不断提高，在经济增长领域硕果累累，但是，中国经济仍然存在城乡二元结构，而户籍制度是城乡二元结构存在的主要原因。同时，政府的城市偏好也拉大了城乡收入差距，影响社会和谐与稳定，因此，我们研究了人口城镇化与新型城镇化对城乡居民收入差距的影响。研究得出：新型城镇化对于城乡收入差距有负的直接效应、间接效应与总效应，新型城镇化水平的提升促进了城乡收入差距的缩小，间接效应显著为负，且间接效应影响比较大，若忽略空间间接效应，只考虑直接效应会低估新型城镇化对城乡收入差距的影响；人口城镇化也促进了城乡收入差距的缩小，但是，与新型城镇化相比其影响较小；分区域来看，新型城镇化和人口城镇化都对城乡收入差距的增长有抑制作用，新型城镇化的直接效应与空间交互效应只对中西部地区城乡收入差距的缩小作用是显著的，而人口城镇化只对西部地区城乡收入差距的缩小作用是显著的，且空间交互效应不显著。因此，走新型城镇化的道路是解决目前存在的城乡收入差距的有效途径。

第七，新型城镇化的发展推动着居民实现有序市民化，常住居民在城镇化发展进程中面对就业及生活都需要基础设施建设与公共基本服务，这就需要城市在基础设施建设上进行投资，同时，像中小城镇、智慧城等城镇区域建设对资金的需求都在增加，金融支持在新型城镇化发展进程中具有强大的推动作用，没有资金支持,新型城镇化的推进将寸步难行,因此,从3个不同维度衡量金融支持水平,选择空间杜宾模型及空间动态杜宾模型研究了新型城镇化与金融支持的空间效应。研究得出:金融支持规模显著地提升了新型城镇化的水平,对中西部地区的影响更大;金融支持效率只是直接显著地提升了西部地区新型城镇化水平,同时对西部地区也存在显著的负的间接效应,这也表明没有充分发挥出金融支持效率的作用,因此,需要进一步提升金融支持效率;金融支持结构显著地提升了西部地区新型城镇化水平,且对西部地区存在显著的正的间接效应,这说明应该提高西部地区的金融支持结构。

第八,当在时间维度上无法获得足够的数据时,动态短面板空间误差模型可能是最优的选择,但是这个模型仍然还有一些问题亟须解决。因此,在 Sarafidis(2011)的研究基础上,研究关于动态短面板空间误差模型的估计问题,给出了 SGMM 的估计方法,并设计了相应的蒙特卡洛仿真实验,检验了在不同情形下两种估计方法的有限样本表现。通过仿真实验发现,QMLE 方法更加充分地利用了初始值的信息,在一般情形下,该估计方法在有限的样本下相对更优,但是在存在单位根或起始期的设定不正确的情形下,SGMM 方法对模型的估计系数要比 QMLE 更好,因此对于实证研究者而言,当起始期的值是确定的,首先考虑使用 QMLE 方法进行估计,当可能存在单位根的情形下再考虑使用 SGMM。

关于新型城镇化的相关研究都为城镇化的转型提供了有力的支持,为走新型城镇化道路提供了理论与实证的支持,同时也为新型城镇化的发展提供了金融支持,对于经济社会的发展、居民消费水平的提升、产业结构水平的升级、城乡收入差距的缩小都有着现实意义,有助于保障居民的生活水平,促进社会经济更好发展,基于相关研究,提出了符合中国国情且可实施的政策建议。

9.2 政策意见

9.2.1 坚持以人为本,走新型城镇化道路

城镇化是现代化的必由之路,是破除城乡二元结构的重要依托。要健全城乡发展一体化体制机制,坚持走以人为本、四化同步、优化布局、生态文明、传承文化的新型城镇化道路,遵循发展规律,积极稳妥推进,着力提升质量。今后一

个时期,着重解决好现有"三个1亿人"问题,促进约1亿农业转移人口落户城镇,改造约1亿人居住的城镇棚户区和城中村,引导约1亿人在中西部地区就近城镇化。目前的关键是如何更好地优化传统的城镇化,更加重视以人为本,更加重视软件设施的建设,从追求单一的速度向质量与速度并存进行转变。只有城镇化质量得到提升,才能真正地走新型城镇化的道路,才能真正地改善民生,推动社会经济更好发展。本书相关研究也得出了新型城镇化发展对于经济增长的促进作用,对于居民消费水平的提升、产业结构的调整升级、城乡收入差距的缩小都有显著正的促进作用。因此,新型城镇化的发展需要坚持以人为本的核心。首先,城镇化质量的发展应该是建立在人的基础上,提高城镇化发展的内涵与质量,提升居民的生活幸福感,而不是所谓的新一轮基础设施建设、新一轮的房地产开发和新一轮的"造城"运动;其次,相应政策的制定,政府也应该立足于以人为核心,将体制与机制的创新作为切入点,进而建立现代服务型的政府体制机制,为人民提供更好的服务,促进人的全面发展;再次,要不断提升城市的综合承载力,走一条低碳、绿色、集约型的城镇发展道路,建立更加健全的机制,强化各级政府责任,合理分担公共成本,充分调动社会力量,构建政府主导、多方参与、成本共担、协同推进的农业转移人口市民化机制,有序地推动农民工的市民化,真正地实现居民的城镇化,防止"半城镇化"的发生;最后,在新型城镇化的建设进程中应该更加注重社会的公平与正义,消除社会上存在的各种风险问题,促进人的全面发展与社会的和谐进步,进一步完善城镇功能,优化城镇的规模结构,加强中心城市的带动功能,加快中小城市的发展水平,对小城镇有重点的发展,促进大中小城市及小城镇的协调共同发展,提升公共服务与生态环境水平,打破城乡二元结构的存在,让所有居民都能够享受到城镇化、经济增长带来的成果。

9.2.2 因地制宜推进城镇化

在城镇化进程的规划实践中,每个地区都制定了相对合理的城镇化发展规划路线,但有的地区缺乏全面的发展细条,对因地制宜推进城镇化的发展缺乏重视,这会影响到城镇化的可持续性发展,从人口城镇化水平与新型城镇化的发展质量水平来看,城镇化的发展是存在着区域差异的,因此,需要因地制宜推进城镇化发展水平提升。具体可以从以下几点入手:首先,在新型城镇化发展进程中，要树立城镇集群一起发展的理念，基于中国资源环境的承载及发展能力的基础上，因地制宜地规划城镇的规模，提升每个城镇间的互补性，促进各地区、城镇、单元等的协调发展，走一条大中小城市及小城镇协调发展的新型城镇化发展道路。其次，各地区要遵循新型城镇化总体规划的指导。中国资源能源、生态环境、经济活动及居住分布的不均衡，导致每个地区的资源环境承载能力也是不同的，因此，需要树立空间均衡的理念，充分考虑到中国人口、经济活动与资源环境的协调，城镇规划建设要遵循《全国主体功能区规划》，让城镇空间布局的规划合理且均衡，人与环境协调共同发展。再次，提升中心城区的功能，完善中心城区功能组合，统筹规划城区发展，推动商业、生态空间、居住、交通等布局更加合理，制定相应的市区标准，完善旧城改造，全面改善居民居住环境。最后，对中国东部地区，考虑在效率提升、能耗降低、环境保护的基础上，发挥其优势，集聚和加强其自主创新能力，加快经济的转型升级，发挥对中国整体经济的支撑与引领作用。中西部地区的城镇化发展水平跟东部地区相比还有一定的差距，作为新型城镇化发展建设的潜力区域，考虑到中西部地区的自身优势，发挥其农业与生态涵养的功能。因此，要在严格保护生态环境的基础上，改变其粗放低效、破坏环境、无序扩张的发展模式，促进中国城镇化有序合理的发展。

9.2.3 通过提升新型城镇化水平，释放消费需求

新型城镇化水平的提升，可以释放居民的消费需求。实证研究也表明了新型城镇化水平的提升对于居民消费水平有着显著的促进作用，居民消费水平的提升是扩大内需的重要体现，消费是新型城镇化扩大内需的主要着力点。首先，通过居民收入的增加来提升居民消费能力，进一步完善消费政策，提升居民服务消费，支持服务机构的发展，对养老、文化、健康、旅游等服务进行重点发展。促进中国的信息消费，全面实施"宽带中国"的战略。其次，推动消费在区域间的扩散及转移。在新型城镇化发展建设中，对大中小城市进行合理的布局与均衡，消费区域在中西部地区与小城市间进行转移。再次，进一步推进农民工市民化，加快新型城镇化的实施，建立更加健全的社会保障制度，让农民工在市民化进程中没有后顾之忧，促进新增城市居民消费结构的升级。最后，在新型城镇化的进程中，更加关注与改善民生，同时要兼顾效率及公平，利用市场与政府的引领作用，提升中低收入群体的收入，进而提升居民的收入与消费水平。

9.2.4 增强创新能力，优化城市产业支撑

通过提升新型城镇化水平，优化产业结构水平。实证研究得出，新型城镇化水平的提升对产业结构升级具有显著的促进作用。城镇具有集聚功能，产业繁荣发展的基础是集聚功能所形成的区域性的市场规模，同时，中国各产业仍然存在低级化的现象，产业结构升级是新型城镇化发展的有力支撑，不同区域的经济与城镇化的水平不同，因此需要采用不同的政策选择。东部地区具有很好的工业条件，应该充分发挥区域优势，加大力度发展现代制造业与新兴产业，对传统产业加大改造与提升力度，实现产业结构水平的提升与合理布局；增强中西部地区的产业转移能力，根据承接产业转移的能力，基于中西部地区的优势，大力发展区域优势与特色产业，构建各个城市共同发展的特色产业；中西部地区的产业结构水平比较低，需要新型城镇化、工业化与现代化共同发展，坚持绿色发展，推动农业、工业、服务业的发展，推动中西部地区产业结构水平升级。

发挥城市的创新载体作用，依托中国的科技、教育和人才资源优势，推动城市走创新驱动发展道路。通过营造一个更加创新的制度、政策、金融环境及更好的文化氛围，激发全民的创新活力，进一步推动技术与管理的创新。建立产学研协同创新机制，强化企业在技术创新中的主体地位，发挥大型企业创新骨干作用，激发中小企业创新活力。建设创新基地，集聚创新人才，培育创新集群，完善创新服务体系，发展创新公共平台和风险投资机构，推进创新成果资本化、产业化。根据城市资源环境承载能力、要素禀赋和比较优势，培育发展各具特色的城市产业体系。改造提升传统产业，淘汰落后产能，壮大先进制造、节能环保、新一代信息技术、生物、新能源、新材料、新能源汽车等战略性新兴产业。适应制造业转型升级要求，推动生产性服务业专业化、市场化、社会化发展，引导生产性服务业在中心城市、制造业密集区域集聚；适应居民消费需求多样化，提升生活性服务业水平，扩大服务供给，提高服务质量，推动特大城市和大城市形成以服务经济为主的产业结构。

9.2.5 提升新型城镇化水平，完善城乡一体发展体制机制

新型城镇化水平的提升，有助于城乡二元结构体制机制障碍的消除，缩小城乡收入差距，推进中国的城乡要素平等交换及公共资源的均衡配置，让所有的农

民都可以平等地参与到现代化进程中，共同分享现代化的成果。建立城乡统一的建设用地市场，保障农民公平分享土地增值收益。建立健全有利于农业科技人员下乡、农业科技成果转化、先进农业技术推广的激励和利益分享机制。创新面向"三农"的金融服务，统筹发挥政策性金融、商业性金融和合作性金融的作用，支持具备条件的民间资本依法设立中小型银行等金融机构，保障金融机构农村存款主要用于农业农村。加快农业保险产品的创新和经营组织形式的创新，完善农业保险制度。鼓励社会资本投向农村建设，引导更多人才、技术、资金等要素投向农业农村。

（1）加快人口管理制度改革

在户籍制度改革速度加快的同时，对人口服务的管理制度进行创新与完善，消除城乡之间存在的户籍壁垒，促进人口流动更加有序、分布更合理。建立健全居住证制度，对流动人口全面推进居住证制度，通过居住证作为载体，建立与居住年限相挂钩的公共服务体制，并将居住证作为常住人口的一个重要依据；健全人口管理制度，进一步完善人口的统计、普查与变动的方法，加快人口信息的建设，对居民就业、收入、房产、教育、计生等信息进一步分类与完善，实现不同区域与部门间的共享，建立更加可靠的人口信息库，为人口服务及管理提供更好的支撑。

（2）加深土地管理制度改革

实行耕地保护制度与集约节约用地的制度，严格控制好总量、增量与存量，提高土地的利用效率，更好满足城镇化建设中的用地需求。首先，建立健全的城镇用地规模与结构的调控机制。首先，严格控制好新增用地中用于城镇建设的规模、标准与政策。探寻城镇用地的增加与农业转移人口相关的政策，合理控制特大城市新增土地的规模，提升用地效率，在人口多、发展潜力大的地方增加用地的面积。合理控制工业用地，优先发展基础设施与公共服务等用地的供给，合理有效控制居民居住用地与工业用地的比例，相应提升工业用地的价格。其次，健全节约集约用地制度。对建设用地的相关体系进行完善，严格执行土地使用的标准准则，严格控制工程建设项目的用地标准。再次，推动农村土地制度改革。依法保障农民工的土地权益，农民具有对土地的使用、占用、承包经营与抵押等权能，保障农民对居民的益物权。在符合用地规划与管制的前提下，农村集体用地的转让、租赁与入股都是被允许的，推进农村产权的流动更公开、公正。最后，对居民的耕地采取保护的制度。严格的控制土地的用途、数量与质量，建立完善的土地保护激励机制，落实地方政府的土地保护机制，建立健全的土地农田的管理机制。

（3）健全城镇居民住房制度

住房制度的建立与完善有助于保障城镇中常住居民的住房需求。首先，建立健全的住房供应体系。在住房方面，以政府为主提供基本保障，以市场为主提供多层次的住房体系。对于城镇化中的低收入困难家庭提供保障性住房，实行租售并举、以租为主的政策，逐步增加商品性住房的需求，促进二手房与住房租赁市场的发展，促进住房的多样性发展。其次，建立更加健全的保障性住房制度。保障各级政府的保障性住房财政投入，增加保障性住房供给。制定更完善的保障性住房、租房的政策，推动廉租住房与公共租赁住房共同存在，提升保障性住房的物业、服务水平。最后，完善房地产市场的调控机制。调整关于住房、土地、金融、财税等政策，构建更加完善的房地产市场调控机制。根据每个城市的情况制定住房规划，确定需要建设的住房总量、结构与布局，保障住房的供应，合理增加商品性用房，实施差别化的住房税收、信贷政策，建立土地为不动产的网络登记，实现住房信息联网。

（4）加强生态环境保护制度

加强城镇化建设中绿色低碳产业的发展，最大力度保护生态环境，形成资源节约型的空间格局。首先，建立起对生态文明的考核机制。将生态环境纳入城镇化发展的评价体系，进一步完善生态目标体系与奖罚机制。其次，建立国土资源空间开发的保护制度。空间规划体系的建立有助于主体功能区制度的实施，需要按照主体功能区进行推进，对不同的主体采取不同的财政、土地、人口、产业、环境等考核机制。再次，建立资源与生态的使用与补偿、资源环境产权交易等机制。根据资源的稀缺性与生态的损害成本进行资源与价格的改革，完善生态补偿的政策，提升生态补偿的标准，同时建立水、电、气的梯度价格制度。建立生态环境市场化的保护机制，推行碳排放权、水权、排污权等相应的交易制度。最后，实施严格的环境监管制度。全面发展污染物的排放许可证制度，政府实行关于污染物排放总量控制制度。加强对环境污染的执法力度，对造成生态环境污染的人实施赔偿制度，并依法追究责任。

9.2.6 创新城镇化资金保障机制

金融支持有助于新型城镇化水平的提升，因此需要全面发挥政策性金融对新型城镇化提升的导向作用，在新型城镇化基础设施建设中可以产生正的社会外部性，对商业金融机构前期没有提供融资的项目进行融资，金融服务质量不断创新。在追寻市场化与商业化可持续性发展的前提下，鼓励商业性的金融机构为城镇化发展中的公共设施、居民生活等提供更好的信贷支持与金融服务。资本市场要进行多层次的发展，通过企业的上市、PE、VC等多种形式提升股权性融资所占的比值，加快资本市场的形成。发挥好区域性金融机构的作用，区域性金融机构是城镇化发展中的重要资源，需要充分利用，改善现代金融机构的功能体制，打造更加成熟的业务；充分利用国内外的各种资源，吸引更多的资本进行投资，国内外资本相互融合，更好推进本地区的城镇化建设，引进民间资本并发展其主导优势，发挥政府资本的引领性作用；在城镇化建设中发挥好混合资本的优势，充分发挥好互联网的优势，打破传统的融资模式，引领地方投资的进步。

9.3 展　望

本书在中国"半城镇化"的背景下，在对城镇化现状进行研究的基础上，提出了适合中国城镇化发展的转型方向：新型城镇化。建立了新型城镇化的评价指标体系，给出了实证研究用到的静态与动态空间面板模型，并研究了动态短面板空间误差模型的估计，在存在单位根及起始期设置错误的情形下，对 SGMM 与 QMLE 的估计方法进行比较，并给实证研究者选用此模型给出了相关的建议。在以上模型的基础上，考察了新型城镇化所产生的经济效应。首先，分析了新型城镇化对经济增长的空间效应，论证了新型城镇化的发展对中国经济水平提升的拉动作用；其次，对新型城镇化发展所产生的居民消费水平的提升、产业结构水平的升级、城乡收入差距的缩小等经济效应进行了研究，验证了新型城镇化对拉动消费需求、调整产业结构、缩小城乡收入差距的促进作用；最后，研究金融支持对新型城镇化提升的促进作用，得出了加大投资等相应的政策意见。通过本书的理论与实证分析，认为在新型城镇化发展的进程中，需要建立"以人为本"、提升城镇化的质量、可持续发展的发展理论。发挥新型城镇化对破除旧的城乡二元结构、推动产业结构升级、释放居民消费需求、缩小城乡收入差距的积极作用，推动中国经济更好的发展。

参考文献

[1] ANAND S. The Kuznets process and the inequality development relationship [J]. Journal of development economics, 1993, 40 (1): 25 - 52.

[2] ANSELIN L, BERA A. Spatial dependence in linear regression models with an introduction to spatial econometrics [J]. Statistics textbooks and monographs, 1998 (155): 237 - 290.

[3] ANSELIN L, CHO W. Simple diagnostic tests for spatial dependence [J]. Regional science and urban economics, 1996, 26 (1): 77 - 104.

[4] ANSELIN L. Spatial econometrics: methods and models [M]. Amsterdam: Kluwer Academic Publishers, 1988.

[5] ANSELIN L, HUDAK S. Spatial econometrics in practice: a review of software options [J]. Regional science and urban economics, 1992, 22 (3): 509 - 536.

[6] ANSELIN L, LE GALLO J, JAYET H. The econometrics of panel data [M]. Berlin: Springer Berlin Heidelberg, 2008.

[7] ANSELIN L. Spatial effects in econometric practice in environmental and resource economics [J]. American journal of agricultural economics, 2001, 83 (3): 705 - 710.

[8] ANSELIN L, BERA A K, FLORAX R, et al. Simple diagnostic tests for spatial dependence [J]. Regional science and urban economics, 1996, 26 (1): 77 - 104.

[9] ANSELIN L, FLORAX R, REY S J. Advances in spatial econometrics: methodology, tools and applications, Berlin: Springer-Verlag, 2004.

[10] ARBIA G. Spatial econometrics: statistical foundations and applications to regional convergence [Z]. Springer Science & Business Media, 2006.

[11] ARRELANO M, BOND S. Some tests of specification for panel data: Monte Carlo evidence and an application to employment equations [J]. Review of economic studies, 1991, 58 (2): 277 - 297.

[12] BALTAGI B H, EGGER P, PFAFFERMAYR M. A generalized spatial panel data model with random effects [Z]. CESifo Working Paper Series

NO. 3930, 2012.

[13] BALTAGI B H, SONG S H, KOH W. Testing panel data regression models with spatial error correlation [J]. Journal of econometrics, 2003, 117 (1): 123 – 150.

[14] BALTAGI B H, SONG S H, JUNG B C, et al. Testing for serial correlation, spatial autocorrelation and random effects using panel data [J]. Journal of econometrics, 2007, 140 (1): 5 – 51.

[15] BALTAGI B H, EGGER P H, KESINA M. Firm-level productivity spillovers in China's chemical industry: a spatial Hausman-Taylor approach [J]. Journal of applied econometrics, 2016, 31 (1): 214 – 248.

[16] BARRY R P, PACE R K. A Monte Carlo estimators of the log determinant of large sparse matrices [J]. Linear algebra and its applications, 1999 (289): 41 – 54.

[17] BERTINELLI L, STROBL E. Urbanization, urban concentration and economic growth in developing countries [Z]. CREDIT Research Paper, 2003.

[18] BERTINELLI L, BLACK D. Urbanization and growth [J]. Journal of urban economics, 2004 (1): 80 – 96.

[19] BHARGAVA A, SARGAN J D. Estimating dynamic random effects models from panel data covering short time periods [J]. Econometrica, 1983, 51 (6): 1635 – 1659.

[20] BLACK D, HENDERSON V. A theory of urban growth [J]. Journal of political economy, 1999, 107 (2): 252 – 284.

[21] BLOOM D E, CANNING D, FINK G. Urbanization and the wealth of nations [J]. Science, 2008, 319 (5684): 772 – 775.

[22] BLUM B S. Trade, technology and the rise of the service sector: the effects on US wage inequality [J]. Journal of international economics, 2008, 74 (2): 441 – 458.

[23] BLUNDELL R, BOND S. Initial conditions and moment restrictions in dynamic panel data models [J]. Journal of econometrics, 1998, 87 (1): 115 – 143.

[24] BRADY R R. Measuring the diffusion of housing prices across space

and over time [J]. Journal of applied econometrics, 2011, 26 (2): 213 – 231.

[25] BRUCKNER M. Economic growth, size of the agricultural sector and urbanization in Africa [J]. Journal of urban economics, 2012, 71 (1): 26 – 36.

[26] CHO S H, WU J, BOGGESS W G. Measuring interactions among urbanization, land use regulation, and public finance [J]. American agricultural economics association, 2003, 85 (4): 988 – 999.

[27] CLIFF A D, ORD J K. Spatial processes, models and application [M]. London: Pion, 1981.

[28] CRESSIE N. Statistics for spatial data, revised edition [M]. New York: John Wiley, 1991.

[29] DANIElS P W, O'CONNOR K, HUTTON T A. The planning response to urban service sector growth: an international comparison [J]. Growth and change, 1991, 22 (4): 3 – 26.

[30] DAVIS K, GOLDEN H H. Urbanization and the development of pre-industrial areas [J]. Economic development and cultural change, 1954, 3 (1): 6 – 26.

[31] DUNCAN B, VERNON H. A theory of urban growth [J]. Journal of political economy, 1999, 107 (2): 252 – 284.

[32] DURANTON G. Urban evolutions: the fast, the slow and the still [J]. The American economic review, 2007, 97 (1): 197 – 221.

[33] ELHORST J P, FRERETS. Evidence of political yardstick competition in France using a two-regime spatial Durbin model with fixed effects [J]. Journal of regional science, 2009, 49 (5): 931 – 951.

[34] ELHORST J P. Matlab software for spatial panels [J]. International regional science review, 2014, 37 (3): 389 – 405.

[35] ELHORST J P. Spatial econometrics: from cross-sectional data to spatial panels [M]. Berlin: Springer, 2014.

[36] ELHORST J P, PIRAS G, ARBIA G. Growth and convergence in a multi-regional model with space-time dynamics [J]. Geographical analysis, 2010, 42 (3): 338 – 355.

[37] ELHORST J P. Dynamic panels with endogenous interaction effects

when T is small [J]. Regional science and urban economics, 2010 (b), 40 (5): 272 – 282.

[38] ELHORST J P. Serial and spatial autocorrelation [J]. Economics letters, 2008a, 100 (3): 422 – 424.

[39] ELHORST J P. Specification and estimation of spatial panel data models [J]. International regional science review, 2003, 26 (3): 244 – 268.

[40] ELHORST J P. Unconditional maximum likelihood estimation of linear and log-linear dynamic models for spatial panels [J]. Geographical analysis, 2005, 37 (1): 62 – 83.

[41] FAN C. Population change and regional development in China: insights based on the 2000 census [J]. Eurasian geography and economics, 2013 (5): 425 – 442.

[42] FARHANA K M, RAHMAN S A, RAHMAN M. Factors of migration in urban Bangladesh: an empirical study of poor migrants in Rajshahi City [J]. Bangladesh e-journal of sociology, 2012, 9 (1): 63 – 86.

[43] FLORAX RJGM, FOLMER H, REY S J. Specification searches in spatial econometrics: the relevance of Hendry's methodology [J]. Urban/regional, 2002, 33 (5): 557 – 579.

[44] FUJITA M, KRUGMAN P R, VENABLES A. The spatial economy: cities, regions and international trade [J]. Massachusetts: MIT press, 1999.

[45] GEARY R. The contiguity ratio and statistical mapping [J]. The incorporated statistician, 1954 (5): 115 – 145.

[46] GETIS A, ORD J K. The analysis of spatial association by use of distance statistics [J]. Geographical analysis, 1992 (24): 189 – 206.

[47] GLAESER E L. Reinventing Boston: 1630 – 2003 [J]. Journal of economic geography, 2005, 5 (2): 119 – 153.

[48] GLAESER E. Triumph of the city: how our greatest invention makes US richer, smarter, greener, healthier and happier [J]. Business economics, 2011, 46 (3): 185 – 186.

[49] GOLDSMITH W. Financial structure and development [M]. New Haven, CT: Yale University Press, 1969.

[50] GRIFFITH D A, LAGONA F. On the quality of likelihood-based estimators in spatial autoregressive models when the data dependence structure is misspecified [J]. Journal of statistical planning and inference, 1998, 69 (1): 153-174.

[51] HAINING R. Spatial data analysis in the social and environmental sciences [M]. Cambridge: Cambridge University Press, 1993.

[52] HALLECK V S, ELHORST J P. On spatial econometric models, spillover effects, and W [D]. Groningen: University of Groningen, 2012.

[53] HENDERSON J V, LOGAN J R, CHOI S. Growth of China's medium-size cities [J]. Brooking-Wharton papers on urban affairs, 2005, 33 (3): 263-303.

[54] HENDERSON J V. Marshall's scale economies [J]. Journal of urban economics, 2003 (1): 1-28.

[55] HENDERSON J V. Urbanization and economic development [J]. Annals of economics and finance, 2003 (4): 275-342.

[56] HORDIJK L. Problem in estimating econometric relational in space [J]. Papers of the regional science association, 1979, 42 (1): 99-115.

[57] HSIAO C, HASHEM P M, KAMIL T A. Maximum likelihood estimation of fixed effects dynamic panel data models covering short time periods [J]. Journal of econometrics, 2002, 109 (1): 107-150.

[58] JACOBS J P A M, LIGTHART J E, VIRJBURG H. Dynamic panel data models featuring endogenous interaction and spatially correlated errors [EB/OL]. [2019-05-02]. https://ideas.repec.org/p/ays/ispwps/paper0915.html.

[59] KAPPOR M, KELEJIAN H H, PRUCHA I R. Panel data models with spatially correlated error components [J]. Journal of econometrics, 2007, 140 (1): 97-130.

[60] KEEBLE D, NACHUM L. Why do business service firms cluster? Small consultants, clustering and decentralization in London and Southern England [J]. Transactions of the institute of British geographers, 2002, 27 (1): 67-90.

[61] KELEJIAN H H, PRUCHA I R. A generalized spatial two-stage

least squares procedure for estimating a spatial autoregressive model with autoregressive disturbances [J]. The journal of real estate finance and economics, 1998, 17 (1): 99 – 121.

[62] KELEJIAN H H, PRUCHA I R. Specification and estimation of spatial autoregressive models with autoregressive and heteroskedastic disturbances [J]. Journal of econometrics, 2010, 157 (1): 53 – 67.

[63] KELEJIAN H H, PRUCHA I R. A generalized moments estimator for the autoregressive parameter in a spatial model [J]. International economic review, 1999, 40 (2): 509 – 533.

[64] KOLKO J. Urbanization, agglomeration and coagglomeration of service industries [M]. Chicago: University of Chicago Press, 2010.

[65] KORNIOTIS G M. Estimating panel models with internal and external habit formation [J]. Journal of business & economic statistics, 2010, 28 (1): 145 – 158.

[66] KREY V, O'NEILL B C, VAN RUIJVEN B, et al. Urban and rural energy use and carbon dioxide emissions in Asia [J]. Energy economics, 2012 (34): 272 – 283.

[67] KRIPFGANZ S, SCHWARZ C. Estimation of linear dynamic panel data models with time-invariant regressor [R]. European Central Bank Working Paper Series, 2015.

[68] KRUGMAN P. What's new about the new economic geography? [J]. Oxford review of economic policy, 1998, 14 (2): 7 – 17.

[69] KIM K H. Housing financial finance and urban infrastructure finance [J]. Urban studies, 1997 (34): 1597 – 1630.

[70] LAMPARD E E. The history of cities in the economically advanced areas [J]. Economic development and cultural change, 1955 (2): 81 – 136.

[71] LAMPARD E E. Economic development and cultural change [M]. Chicago: The University of Chicago Press, 1955.

[72] LEE L F, YU J. Efficient GMM estimation of spatial dynamic panel data models with fixed effects [J]. Journal of econometrics, 2014, 180 (2): 174 – 197.

[73] LEE L F, Yu J. A spatial dynamic panel data model with both time and individual fixed effects [J]. Econometric theory, 2010, 26 (2): 564 - 597.

[74] LEE L F, YU J. Some recent developments in spatial panel data models [J]. Regional science and urban economics, 2010a (40): 255 - 271.

[75] LESAGE J P, Pace R K. Introduction to spatial econometrics [M]. London: CRC Press Taylor & Francis Group, 2009.

[76] LESAGE J P. The theory and practice of spatial econometrics, a manual to accompany the spatial econometrics toolbox [EB/OL]. [2019 - 05 - 02]. http://www.Spatial-econometrics.com.

[77] LEVINE R. Financial development and economic growth: views and agenda [J]. Journal of economic literature, 1997 (35): 688 — 726.

[78] LIN J, WANG G, ZHAO Y. Regional inequality and labor transfers in China [D]. Chicago: University of Chicago, 2003.

[79] LUCAS R. On the mechanics of economic development [J]. Journal of monetary economics, 1988, 22 (1): 3 - 42.

[80] LUISITO B, BENTENG Z. Does urbanization foster human capital accumulation [J]. The journal of developing areas, 2008, 41 (2): 171 - 184.

[81] MARTON A M. China's spatial economic development: results landscapes in the lower Yangzi delta [R]. Routledge, 2000.

[82] MCCOSKEY S, KAO C. A residual-based test of the null of cointegration in panel data [J]. Econometric reviews, 1998, 17 (1): 57 - 84.

[83] MCKINNON R, SHAW E. Financial deepening in economic development [M]. NewYork: Oxford University Press, 1973.

[84] METHA A, HASAN R. The effects of trade and services liberalization on wage inequality in India [J]. International review of economics & finance, 2012 (23): 75 - 90.

[85] MICHAELS G, RAUCH F, REDDING S J. Urbanization and structure transformation [J]. The quarterly journal of economics, 2012, 127 (2): 535 - 586.

[86] MILLO G. Maximum likelihood estimation of spatially and serially

correlated panels with random effects [J]. Computational statistics & data analysis, 2014, 71 (3): 914 - 933.

[87] MONTES-ROJAS G V. Testing for random effects and serial correlation in spatial autoregressive model [J]. Journal of statistical planning and inference, 2010 (140): 1013 - 1020.

[88] MOOD A M, GRAYBILL F, BOES D C. Introduction to the theory of statistics [M]. Tokyo: McGraw-Hill, 1974.

[89] MOSCONE F, TOSETTI E. GMM estimation of spatial panels with fixed effects and unknown heteroscedasticity [J]. Regional science and urban economics, 2011 (41): 487 - 497.

[90] O'NEILL B C, REN X, JIANG L, et al. The effect of urbanization on energy use in India and China in the IPETS model [J]. Energy economics, 2012 (34): 339 - 345.

[91] ORD J K. Estimation methods for models of spatial interaction [J]. Journal of international economics, 1975 (44): 1 - 19.

[92] PACE R K, BARRY R P. Quick computation of spatial autoregressive estimators [J]. Geographical analysis, 1997 (29): 232 - 246.

[93] PAELINCK J H P, NIJKAMP P. Operational theory and method in regional economics [M]. Farnborough: Saxon House, 1975.

[94] PAELINCK J H P. L'efficacité des mesures de politique économique régionale [R]. Faculté des Sciences Economique, Centre de Recherches, Namur, 1967.

[95] PAELINCK J H P, KLAASSEN L H. Spatial econometrics [M]. Farnborough: Saxon House, 1979.

[96] PARENT O, LESAGE J P. A space-time filter for panrl data models containing random effects [J]. Computational statistics & data analysis, 2011, 55 (1): 475 - 490.

[97] PARENT O, LESAGE J P. A spatial dynamic panel model with random effects applied to communing times [J]. Transportation research part B: methodological, 2010, 44 (5): 633 - 645.

[98] PESARAN M H. Estimation and inference in large heterogeneous panels with a multifactor error structure [J] . Econometrica, 2006, 74 (4): 967 - 1012.

[99] PFAFFERMAYR M. Maximum likelihood estimation of a general unbalanced spatial random effects model: a Monte Carlo study [J] . Spatial economic analysis, 2009, 4 (4): 467 - 483.

[100] PINKSE J, MARGARET E S. Contracting in space: an application of spatial statistics to discrete-choice models [J] . Journal of econometrics, 1998 (85): 125 - 154.

[101] ROBINSON S. A note on the uhypothesis relation income inequality and economic development [J] . The American economic review, 1976, 66 (3): 437 - 440.

[102] SARAFIDIS V. GMM estimation of short dynamic panel data models with error cross-sectional dependence [D] . Munich: University Library of Munich, 2011.

[103] SCOTT A L. Global city-regions: trends, theory, policy [M] . New York: Oxford University Press, 2001.

[104] SHABU T. The relationship between urbanization and economic development in developing countries [J] . International journal of economic development research and investment, 2010, 1 (2): 30 - 36.

[105] SONG S F, ZHANG K H. Urbanization and city size distribution in China [R] . Urban Studies, 2002.

[106] SOVANI N V. The analysis of "over-urbanization" [J] . Economic development and cultural change, 1964, 12 (2): 113 - 122.

[107] STOPHER P R. Financing urban rail projects: the case of Los Angeles [J] . Transportation, 1993 (20): 229 - 250.

[108] SU L J, YANG Z L. QML estimation of dynamic panel data models with spatial errors [J] . Journal of econometrics, 2015, 185 (1): 230 - 258.

[109] TRIPATHI S. An overview of India's urbanization, urban economic growth and urban equity [R] . MPRA Paper No. 45537, 2013.

[110] WILSON C. The dictionary of demography [J] . Oxford: Blackwell

Publishers,1986.

[111] YANG Z, LI C, TSE Y K. Functional form and spatial dependence in spatial panels [J]. Economic letters, 2006, 91 (1): 138-145.

[112] YU J, DE JONG R, Lee L. Quasi-maximum likelihood estimators for spatial dynamic panel data with fixed effects when both N and T are large [J]. Journal of econometrics, 2008, 146 (1): 118-134.

[113] YU J H, DE JONG R L, LUNG F. Estimation for spatial dynamic panel data with fixed effects: the case of spatial cointegration [J]. Journal of econometrics, 2012, 167 (1): 16-37.

[114] 罗军,钟诚. 我国流动性过剩问题研究 [J]. 宏观经济研究,2012 (11): 18-24.

[115] 阿尔弗雷德,马歇尔. 经济学原理 [M]. 刘生龙,译. 北京:中国社会科学出版社,2007.

[116] 埃德温·S. 米尔斯. 区域与城市经济手册(第二卷):城市经济学 [M]. 郝寿义,等译. 北京:经济科学出版社,2003.

[117] 曹文莉,张小林,潘义勇,等. 发达地区人口、土地与经济城镇化协调发展度研究 [J]. 中国人口·资源与环境, 2012, 22 (2): 141-146.

[118] 曹裕,陈晓红,马跃如. 城镇化、城乡收入差距与经济增长:基于我国省级面板数据的实证研究 [J]. 统计研究, 2010 (3): 29-36.

[119] 曾芬钰. 城市化与产业结构优化 [J]. 当代经济研究, 2002 (9): 31-36.

[120] 陈迅,童华健. 城市化与城乡收入差距变动的实证研究:基于1985—2003年中国数据 [J]. 生产力研究, 2007 (10): 64-66.

[121] 陈凤桂,张虹鸥,吴旗韬,等. 我国人口城镇化与土地城镇化协调发展研究 [J]. 人文地理, 2010, 25 (5): 53-58.

[122] 陈雨露. 中国新型城镇化建设中的金融支持 [J]. 经济研究, 2013 (2): 10-12.

[123] 陈元. 开发性金融与中国城市化发展 [J]. 经济研究, 2010 (7): 4-14.

[124] 陈宗胜. 倒U曲线的"阶梯型"变异 [J]. 经济研究, 1994 (5): 55-59.

[125] 程开明,李金昌. 城市偏向、城市化与城乡收入差距的作用机制及动

态分析［J］．数量经济技术经济研究，2007（7）：116-125．

［126］程开明．城市化与经济增长的互动机制及理论模型述评［J］．经济评论，2007（4）：143-150．

［127］丛屹，王栋．不完全城市化对我国消费的影响研究［J］．华东经济管理，2013（7）：34-38．

［128］崔喜，苏荣晨．新型城镇化、固定资产投资与金融支持：基于省际面板数据的实证研究［J］．投资研究，2014（11）：139-149．

［129］单菁菁．中国城市发展报告（2010）：中国城市的科学发展评价［M］．北京：社会科学文献出版社，2010．

［130］樊纲，王小鲁．消费条件模型和各地区消费条件指数［J］．经济研究，2004（5）：13-21．

［131］范剑平，向书竖．我国城乡人口二元社会结构对居民消费率的影响［J］．管理世界，1999（5）：35-38．

［132］范进，赵定涛．土地城镇化与人口城镇化协调性测定及其影响因素［J］．经济学家，2012（5）：61-67．

［133］范兆媛，周少甫．城镇化与人口年龄结构对居民消费的影响［J］．城市问题，2016（10）：97-103．

［134］范兆媛，周少甫．金融支持对新型城镇化促进的空间效应研究：来自中国30个省域数据的实证研究［J］．现代财经，2017（2）：68-76．

［135］高珮义．中外城市化比较研究［M］．天津：南开大学出版社，2004．

［136］辜胜阻．新型城镇化与经济转型［M］．北京：科学出版社，2014．

［137］顾纪瑞．新型城镇化将推动消费潜力释放：以江苏省为例［J］．消费经济，2014（12）：3-6．

［138］国务院发展研究中心课题组．农民工市民化对扩大内需和经济增长的影响［J］．经济研究，2010（5）：4-16．

［139］何国华，常鑫鑫．中国各地区自主创新能力的间接融资支持研究［J］．投资研究，2011（11）：16-28．

［140］胡晶晶，黄浩．二元经济结构、政府政策与城乡居民收入差距：基于中国东中西部地区省级面板数据的经验分析［J］．财贸经济，2013（4）：121-129．

［141］黄晓军，李诚固，黄馨．东北地区城市化与产业结构演变相互作用模

型［J］．经济地理，2008（1）：55-58．

［142］贾云赟．城镇化、工业化、农业现代化与经济增长关系研究［J］．城市发展研究，2012（12）：27-32．

［143］姜爱林．城镇化与工业化互动关系研究［J］．财贸研究，2004（3）：1-3．

［144］孔令刚，蒋晓岚．基于新型城镇化视角的城市空间"精明增长"［J］．中州学刊，2013（7）：27-31．

［145］蓝庆新，陈超凡．新型城镇化推动产业结构升级了吗：基于中国省级面板数据的空间计量研究［J］．财经研究，2013（12）：57-71．

［146］雷根强，蔡翔．初次分配扭曲、财政支出城市偏向与城乡收入差距：来自中国省级面板数据的经验证据［J］．数量经济技术经济研究，2012（3）：76-89．

［147］雷潇雨，龚六堂．城镇化对于居民消费率的影响：理论模型与实证分析［J］．经济研究，2014（6）：44-57．

［148］李实．中国个人收入分配研究回顾与展望［J］．经济学（季刊），2003（2）：56-72．

［149］李爱民．我国新型城镇化面临的突出问题与建议［J］．城市发展研究，2013（7）：104-109．

［150］李诚固，韩守庆，郑文升．城市产业结构升级的城市化响应研究［J］．城市规划，2004，28（4）：31-36．

［151］李逢春．对外直接投资的母国产业升级效应：来自中国省际面板的实证研究［J］．国际贸易问题，2012（6）：124-134．

［152］李国平．新型城镇化与收入倍增［J］．河南社会科学，2013（7）：1-6．

［153］李金昌，程开明．中国城市化与经济增长的动态计量分析［J］．财经研究，2006（9）：19-30．

［154］李克强．协调推进城镇化是实现现代化的重大战略选择［J］．行政管理改革，2012（11）：4-10．

［155］李林杰，申波，李杨．借助人口城市化促进国内消费需求的思路与对策［J］．中国软科学，2007（7）：30-40．

［156］李伶俐，谷小菁，王定祥．财政分权、城市化与城乡收入差距［J］．农业技术经济，2013（12）：4-14．

[157] 李尚蒲, 罗必良. 城乡收入差距与城市化战略选择 [J]. 农业经济问题, 2012 (8): 37-42.

[158] 李通屏, 程胜, 倪琳, 等. 中国城镇化的消费效应研究 [J]. 中国人口科学, 2013 (3): 19-27.

[159] 李子联. 人口城镇化滞后于土地城镇化之谜: 来自中国省际面板数据的解释 [J]. 中国人口·资源与环境, 2013, 23 (17): 94-101.

[160] 林光平, 龙志和, 吴梅. 我国地区经济收敛的空间计量实证分析: 1978-2002 年 [J]. 经济学季刊, 2005 (4): 67-82.

[161] 林毅夫, 刘明兴. 中国的经济增长收敛与收入分配 [J]. 世界经济, 2003 (8): 3-14.

[162] 刘传江, 郑凌云. 城镇化与城乡可持续发展 [M]. 北京: 科学出版社, 2004.

[163] 刘锡良, 齐稚平. 城乡统筹建设中金融发展的三个视角 [J]. 金融发展研究, 2009 (3): 3-6.

[164] 刘雪梅. 新型城镇化进程中农村劳动力转移就业政策研究 [J]. 宏观经济研究, 2014 (2): 81-86.

[165] 刘艳军, 李诚固. 城市化综合水平测度初探: 以我国15个副省级城市为例 [J]. 世界地理研究, 2005, 14 (2): 38-43.

[166] 刘维, 韩媛媛. 城市化与城乡收入差距: 基于中国数据的理论与经验研究 [J]. 山西财经大学学报, 2013 (5): 24-33.

[167] 刘志飞, 颜进. 从居民消费角度看城市化道路的选择 [J]. 城市问题, 2004 (3): 36-39.

[168] 柳汶秀, 赵新宇. 新型城镇化进程中扩大内需的对策 [J]. 经济纵横, 2013 (11): 41-43.

[169] 陆铭, 陈钊. 城市化、城市倾向的经济政策与城乡收入差距 [J]. 经济研究, 2004 (6): 50-59.

[170] 陆岷峰, 马艳. 金融危机的传递渠道分析与隔离策略研究 [J]. 求实, 2009 (2): 31-34.

[171] 罗明忠. 农村劳动力转移中的金融约束及其突破 [J]. 南方金融, 2008 (3): 46-48.

［172］吕健. 城市化驱动经济增长的空间计量分析：2000—2009［J］. 上海经济研究，2011（5）：3-15.

［173］蒙荫莉. 金融深化、经济增长与城市化的效应分析［J］. 数量经济技术经济研究，2003（4）：138-140.

［174］莫亚琳，张志超. 城市化进程、公共财政支出与社会收入分配：基于城乡二元结构模型与面板数据计量的分析［J］. 数量经济技术经济研究，2011（3）：79-89.

［175］倪鹏飞. 新型城镇化的基本模式、具体路径与推进对策［J］. 江海学刊，2013（1）：87-94.

［176］牛文元. 中国新型城市化战略的设计要点［J］. 中国科学院院刊，2009（2）：130-137.

［177］牛文元. 中国新型城市化报告（2012）［M］. 北京：科学出版社，2012.

［178］牛文元. 中国新型城市化报告（2013）［M］. 北京：科学出版社，2013.

［179］齐红倩，席旭文，高群媛. 中国城镇化发展水平测度及其经济增长效应的时变特征［J］. 经济学家，2015（11）：26-34.

［180］黄婷. 论城镇化是否一定能够促进经济增长：基于19国面板VAR模型的实证分析［J］. 上海经济研究，2014（2）：32-40.

［181］钱纳里，赛尔昆. 发展的型式（1950-1970）［M］. 北京：经济科学出版社，1988.

［182］沈雪潋，郭跃. 新型城镇化背景下的我国"镇级市"改革研究［J］. 经济学家，2013（8）：71-78.

［183］石凯，聂丽. 城镇化对城乡居民消费的影响［J］. 城市问题，2014（6）：87-93.

［184］石忆邵. 中国新型城镇化与小城镇发展［J］. 经济地理，2013（7）：47-52.

［185］孙红玲. 推进新型城镇化需改按常住人口分配地方财力［J］. 财政研究，2013（3）：56-58.

［186］孙健夫. 推进新型城镇化发展的财政意义与财政对策［J］. 财政研究，2013（4）：61-64.

[187] 孙永强. 金融发展、城市化与城乡居民收入差距研究 [J]. 金融研究, 2012 (4): 98-109.

[188] 陶然, 刘明兴. 中国城乡收入差距、地方政府开支及财政自主 [J]. 世界经济文汇, 2007 (2): 1-21.

[189] 汪小亚. 中国城镇城市化与金融支持 [J]. 财贸经济, 2002 (8): 31-34.

[190] 王凯, 陈明. 中国城镇化的速度与质量 [M]. 北京: 中国建筑工业出版社, 2014.

[191] 王婷. 中国城镇化对经济增长的影响及其时空分化 [J]. 人口研究, 2013 (5): 53-67.

[192] 王向. 城市化进程与服务业发展的动态互动关系研究: 来自上海的经验 (1949-2010) [J]. 上海经济研究, 2013 (3): 125-134.

[193] 王小鲁, 樊纲. 中国收入差距的走势和影响因素分析 [J]. 经济研究, 2005 (10): 24-26.

[194] 王学龙, 于潇, 白雪秋. 破解城乡差距之困: 基于劳动力流转模型的实证分析 [J]. 财经研究, 2012 (8): 38-48.

[195] 王亚芬, 肖晓飞, 高铁梅. 我国城镇居民收入分配差距的实证研究 [J]. 财经问题研究, 2007 (6): 65-71.

[196] 吴福象, 刘志彪. 城市化群落驱动经济增长的机制研究: 来自长三角 16 个城市的经验证据 [J]. 经济研究, 2008 (11): 126-136.

[197] 吴福象, 沈浩平. 新型城镇化、基础设施空间溢出与地区产业结构升级: 基于长三角城市群 16 个核心城市的实证分析 [J]. 财经科学, 2013 (7): 89-98.

[198] 吴雪玲, 邓伟, 谢芳婷, 等. 四川省产业结构演变的城市化响应研究 [J]. 地理科学, 2013 (9): 1066-1073.

[199] 吴友仁. 关于我国社会主义城市化问题 [J]. 城市规划, 1979 (5): 13-25.

[200] 伍艳. 中国城镇化进程中的金融抑制问题研究 [J]. 理论与改革, 2005 (2): 100-103.

[201] 席娟, 张毅, 杨小强. 陕西省城市土地利用效益与城市化耦合协调发展研究 [J]. 华中师范大学学报 (自然科学版), 2013 (1): 117-123.

[202] 肖卫. 工业化和城镇化过程中的城乡收入差距研究: 基于中国改革

30年的实证分析［J］.产经评论,2010（3）:33-40.

［203］谢淑娟.在新型城镇化建设中扩大农村居民的消费［J］.宏观经济管理,2014（11）:74-77.

［204］熊湘辉,徐璋勇.中国新型城镇化进程中的金融支持影响［J］.数量经济技术经济研究,2015（6）:73-89.

［205］许秀川,王钊.城市化、工业化与城乡收入差距互动关系的实证研究［J］.农业经济问题,2008（12）:65-71.

［206］薛俊菲,陈雯,张蕾.中国市域综合城市化水平测度与空间格局研究［J］.经济地理,2010,30（12）:2005-2011.

［207］亚当·斯密.国民财富的性质和原因的研究［M］.谢祖钧,译.北京:中华书局,2012.

［208］杨静,张光源.推进"三个同步转变"的新型城镇化:以农民工市民化为突破口［J］.中州学刊,2014（6）:41-46.

［209］杨治,杜朝晖.经济结构的进化与城市化［J］.中国人民大学学报,2000（6）:82-88.

［210］姚士谋,王肖惠,陈振光.大城市群内新型城镇化发展的策略问题［J］.人文地理,2015（4）:1-5.

［211］叶裕民.中国城市化与可持续发展［M］.北京:科学出版社,2007.

［212］宜国富,徐建刚,赵静.安徽省区域城市化水平综合测度研究［J］.地域研究与开发,2005,24（3）:47-51.

［213］于洋,钱强,王雅彤.中国城市化、人口老龄化对居民消费的影响［J］.城市问题,2015（10）:69-73.

［214］喻开志,黄楚蘅,喻继银.城镇化对中国经济增长的影响效应分析［J］.财经科学,2014（7）:52-60.

［215］张爱武,刘玲.新型城镇化视角下的产业集群发展研究［J］.宏观经济管理,2013（12）:66-67.

［216］张红宇.城镇化进程中农村劳动力转移战略抉择和政策思路［J］.中国农村经济,2011（6）:4-14.

［217］张景华.新型城镇化进程中的税收政策研究［J］.经济学家,2013（10）:55-61.

［218］张显龙．新型城镇化视角下中国城乡产业联动发展路径探析［J］．改革与战略，2013（6）：77-81．

［219］张义博，刘文忻．人口流动、财政支出结构与城乡收入差距［J］．中国农村经济，2012（1）：16-30．

［220］张云．构建城镇化多元融资模式［J］．中国金融，2014（2）：12-14．

［221］张占斌．新型城镇化的战略意义和改革难题［J］．国家行政学院学报，2013（1）：48-54．

［222］张占斌．经济中高速增长阶段的新型城镇化建设［J］．国家行政学院学报，2014（1）：39-45．

［223］张自力，范纯，夏溢，等．城乡统筹发展背景下农村金融资源配置的问题研究：基于广东城乡地区配置结构差异性的分析［J］．农村金融研究，2009（12）：62-68．

［224］赵永平，徐盈之．新型城镇化、制度变迁与居民消费增长［J］．江西财经大学学报，2015（6）：3-13．

［225］赵永平，徐盈之．新型城镇化、技术进步与产业结构升级：基于分位数回归的实证研究［J］．大连理工大学学报（社会科学版），2016，37（2）：56-64．

［226］郑鑫．城镇化对中国经济增长的贡献及其现实途径［J］．中国农村经济，2014（6）：4-15．

［227］郑有国，魏禄绘．中国城市化曲折进程原因探析［J］．亚太经济，2013（1）：66-70．

［228］中国银监会合作部课题组．金融支持新型城镇化的模式研究［J］．金融监管研究，2014（4）：1-13．

［229］周柏春，类淑华．新型城镇化的主体维度分析：来自于政府与农民的考察［J］．农业经济问题，2015（4）：71-77．

［230］周建，杨秀祯．我国农村消费行为变迁及城乡联动机制研究［J］．经济研究，2009（1）：83-95．

［231］周启清．农村土地流转中金融支持问题的个案研究［J］．经济纵横，2010（2）：55-57．

［232］周少甫，范兆媛．新型城镇化与城乡收入差距对居民消费的影响［J］．城市问题，2017（2）：27-32．

[233] 周小刚,陈东有. 江西城镇化与经济增长协整关系的实证研究 [J]. 江西社会科学,2008 (8):32 - 36.

[234] 周云波. 城市化、城乡差距以及全国居民总体收入差距的变动:收入差距倒 U 形假说的实证检验 [J]. 经济学季刊,2009 (4):1239 - 1256.

[235] 朱孔来,李静静,乐菲菲. 中国城镇化进程与经济增长关系的实证研究 [J]. 统计研究,2011,28 (9):80 - 87.

[236] 邹红,喻开志. 劳动收入份额、城乡收入差距与中国居民消费 [J]. 经济理论与经济管理,2011 (3):45 - 55.